生命，因閱讀而大好

喜劇媽媽桑幽默表達學

克服心理關卡，不恐懼不糾結，
讓內向者誕生勇氣的魅力指南

脫口秀教母
黃小胖——著

3

說話時常心跳加速，
甚至聽到自己的
心跳聲，因此
草草結束對話……

4

要怎麼記住上台
要說的內容？

7

在社交場合不習慣和
陌生人說太多私事，
但也不想刻意拒絕，
要怎麼表達才恰當？

8

上台報告時會發現自
己講很快，雖然不是
緊張，但總覺得自己
講的內容不重要，怕
佔用大家時間……

11

怎麼依照環境設定
「開場白」，才能讓
彼此有好印象？

12

自己寫出來的講稿
都卡卡的，怎麼樣
才能順暢？

社交困難？
發表障礙？

喜劇媽媽桑讓你自信開口表達！

1

一上台就開始緊張，
要如何減緩？

2

緊張會伴隨很多不能控制的生理現象（手抖、說話抖、說話語速變快），
該怎麼控制？

5

演講的逐字稿重要嗎？為什麼要寫？

6

忘記要講的內容時，
要怎麼處理才會
不尷尬？

9

總是擔心說得
太直接冒犯到對方，
所以一直修飾說話的
內容，但很費心力，
感覺很困擾……

10

對工作上第一次
接觸的窗口，
不知道要用什麼口氣
對話？

hello

15

明明腦袋裡有很多話語，但又講不出來，怎麼辦？

16

光想到要上台表達心中所想，就緊張焦慮得不知道如何是好……

19

能和別人聊的話題太少，有接住別人話題的技巧嗎？

20

覺得自己天生的音質不吸引人、聲線比較低，拿麥克風說話時一直覺得自己聲音不好聽……

23

老是怕對方覺得自己講話沒重點或無聊，想要離開現場或轉移話題……

24

上台報告時遇到突發狀況就很焦慮，該怎麼穩定自己的狀態？

13

常常碰到講話講到一半，突然不知道自己在說什麼的狀況……

14

有時會發生辭不達意的狀況，尤其在安慰人時，對方若不小心聽錯，不只沒被鼓勵到，還更消沉……

17

上台會緊張，必須拿小抄，不然沒有安全感……

18

對自己會不自覺地有贅詞覺得好困擾，讓人感覺反應慢或是不會聊天怎麼辦？

21

我有肢體障礙，很容易在台上透露出沒自信的樣子……

22

覺得自己說的內容缺乏說服力怎麼辦？

推薦序

笑要大聲說出來！

——張碩修Social／卡米地喜劇俱樂部總監

黃小胖初來到卡米地，已經是二〇〇九年的事了。當時的她是個像小男生一樣可愛，不像女生的陪笑員。從上喜劇課開始，她默默地混在以男生為主的圈圈中，對直男們的笑哏，她每每露出訝異、尷尬的苦笑。但是她撐了下來，雖然花了兩年的時間，她用自己的方式在台灣第一個站立喜劇（Stand-up comedy）團體「卡米地站立幫」裡站穩了腳步，也成為站立喜劇／脫口秀的第一女主角。

小胖教了我許多東西，用她的愛心、她的開心、她的信心。在卡米地還相當不穩定的時期，給了我許多幫助。我們之間的一些相處，很多事情可能是小事，卻讓我學會許多。記得卡米地第一次出國演出是在二〇一三年六月，我帶著站立幫眾到了香港。期間大家分居在不同的房間，而睡我旁邊的馬克吐司是個萬「餓」之首，常在空閒期間約我去吃東西，而有一天早上馬克又提議：來香港怎麼能不飲茶呢？

於是我、馬克跟那個誰誰誰就去了附近知名的餐廳飲茶，並且開心地在群組發「真好食」照片。沒想到單獨行動的這點，讓小胖大怒。我這才了解到，她一直以來為了維繫團體，付出了許多心力，而我們這些自私鬼則永遠那麼隨意。為了此事，她一整天不跟我說話（但她不知道，我跟馬克還吃了其他不少東西）。

同一年的稍後，我們去了中國參加《超級演說家》的節目錄影，小胖把這些年來累積的實力，徹底發揮了出來，在台上發光發熱，震懾了中國觀眾。這一趟讓小胖得到了不錯的成績，也讓她更清楚自己該走的道路。

回到台灣之後，她集結了當時卡米地幾個核心的女生演員，組成了第一代的Comedy Girls／好好笑女孩，成為了小胖媽媽桑。本來我抱著鼓勵和樂見其成的態度，但沒想到她們辦出來的秀也太好看了吧！更重要的是，賣得真好。這下子，我開始不是滋味，因為我似乎變成局外人了。

因為Comedy Girls初期的成功，小胖開始自立門戶，對我而言像被捅了一刀——這該不會是小胖在報香港飲茶一案的仇吧？現在一想，恍然大悟。

時間又過了許久，業界一直在快速演變，檯面上和檯面下一樣精采，我的心態也一直在調整。而成果就是今時今日各位看到的現場喜劇生態，十多年來的發展，有痛、有困難、有掙扎，但會一直好笑下去。

小胖沒有離開過，她早就是我／卡米地的一部分。希望大家閱讀她的親身經歷、體驗，看她的成長過程，如何面對問題、如何看待事情、如何幽默地一直搞笑下去！

推薦序

有趣的靈魂，萬中選一！

——王琄／金鐘影后

關於作者黃小胖，明明不胖卻說胖的一位女孩兒。這話說的什麼意思？

而每個人都有話想說：或許很直白地說，或許拐彎抹角地說，也或許是優雅地說，或很幽默地說！但無論怎麼說，都不如用心好好說。

我認識黃小胖是在二〇〇五年，她喜歡表演，但是卻做著化妝相關的事情！表演一直在她心中不曾遠離，她堅持到直到它實現為止。

這是一個擁有什麼樣意志力的人呀？才能夠在表演的路上一路挺進。脫口秀是她發展出屬於自己的表演路徑，她成立了「好好笑女孩」，她結婚生女，她是一位用生命活出精采的女人，用幽默感面對生活困境的靈魂！

漂亮的皮囊千篇一律，而有趣的靈魂卻是萬裡挑一！

看見她成熟穩重地擁有人生的美好，她真的很努力很值得被看見！出書只是她為自己整理一下自己生命的房間，肯定接下來會創作更多作品，我目不轉睛地期待著！

前言

女生搞笑，重要嗎？

「大家好，我是黃小胖，黃是黃色的黃，小時候很胖的小胖。」這是我在任何場合自我介紹的開場白，不管是在脫口秀、演講、主持現場，或是影音節目等場合，你會看到一個近乎香蕉的生物（整個人黃澄澄的），用很有活力的聲音跟你打招呼。

黃色，我近乎偏執的顏色，取外號時也曾想過找黃色的其他語言念法，轉成中文改做藝名。但是怎麼找，都沒有小胖來得有意義。這是我不想遺忘的一個階段，是我第一個外號，也是第一個靠自己決定的符號。每喊一次這樣的開場白，都在跟自己說：

「嘿，別忘了，你叫做黃小胖。」

自己的第一本書，當然也想要用這樣的方式讓你認識我。

「用幽默的方式說出女性的心聲」，是我在創業一開始就為自己訂下的初衷。至今，如果有人問起我的理念，我總會在第一時間用這句話回覆。當對象是事業有成的人士們，他們會有一句潛台詞在表情裡一閃而過：

「女生不用好笑吧～」

然後，用一種曖昧的態度，試圖表示友好，還包括他們對於「小胖」這個稱呼的一種基於禮貌的「節制」。

「黃小……姐，你好。」

「我很好，叫我小胖就好。」

說實在的，我一點都不胖。而且要男士們看著眼前這個妝容完整的前造型師所精心打造的外型喊出「胖」這個字，很不厚道。他們早已被社會訓練到看到女生就要迴避「胖」這個字，腦中自動產生太多的詞彙可以替代那種非得要形容

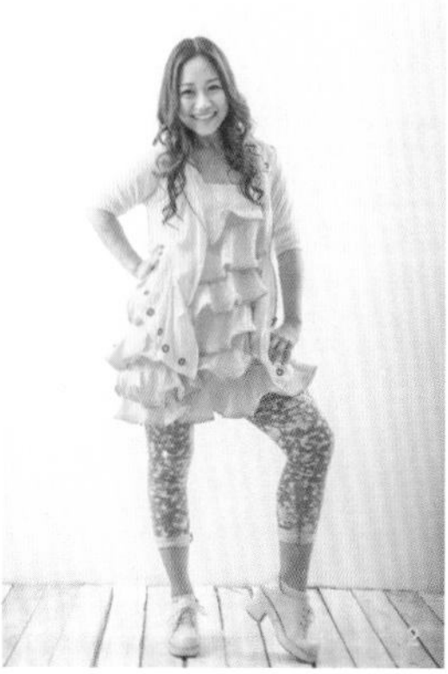

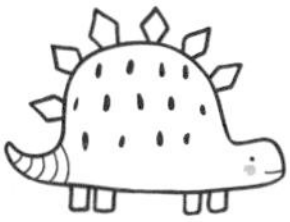

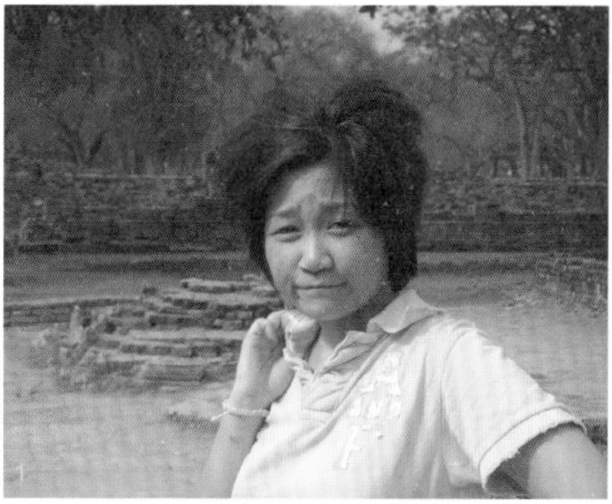

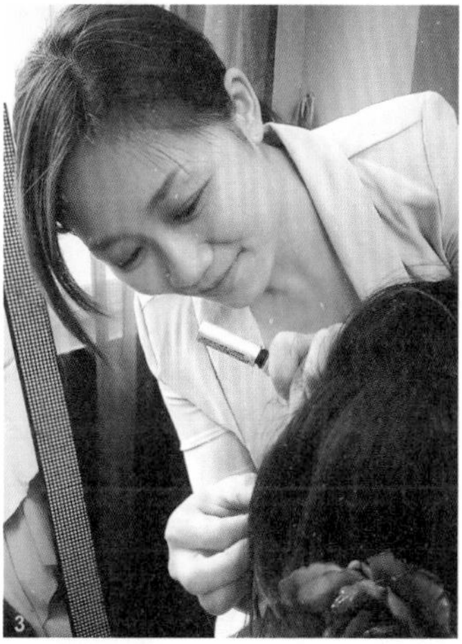

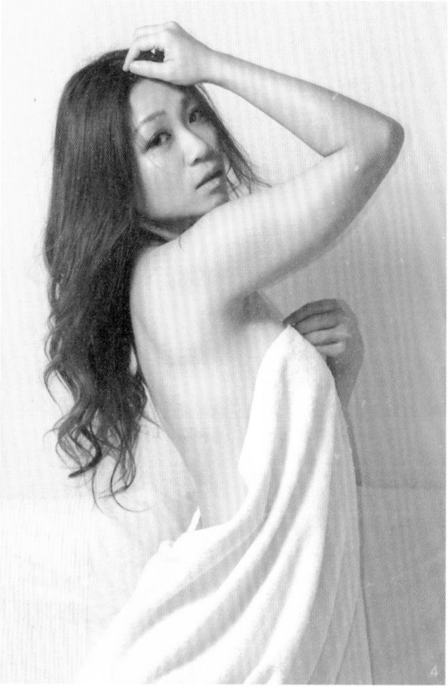

1. 還沒當演員前的青澀時代。2.「站立幫」時期宣傳照。3. 造型師時期。4.《處女秀》宣傳照。

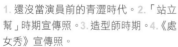

的狀態，好比「可愛」、「圓潤」、「豐滿」、或者是……「聲音好聽」？

「我就是想要聽你說，我一點都不胖，所以叫做小胖。」當引發對方哈哈大笑之後，我強化了自己的存在感，對方也感受到那個慧黠與調皮的我。此時，才是可以進入話題的時候。

「笑」教會我的人生道理

「好好的一個女生，幹嘛要搞笑？」每個人的價值觀不一樣，以主流文化來說，搞笑等於不入流，尤其是女生，應該是無奈、不得已才出此下策，這些想法藏在每個對話的背後。好奇怪，人們好像都在為我捨不得，但我卻覺得大可不必。有時候他們用一種以為我聽不到的音量說：「她，好笑嗎？」（人們總是不知道表演者的聽覺有多好……）

好笑嗎？先粗淺地聊聊技巧。使人發笑的技巧，最根本的就是鋪哏與破哏，知道技巧不難，但使用技巧非常困難。因為人們必須消化技巧，在語言中找到節奏感，並且賦予每個詞彙表達的意識，還要處理「人設」。說話代表的是這個人的思想，這個人的設定就代表著觀眾能接收到的喜感。

笑出來，無法演。觀眾無法因為跟你比較熟，就笑比較大聲；也就是說，找暗樁沒有用，他可能因為聽你說這個笑話太多遍，反而笑不出來。所以脫口秀演員必須知道現場的人、事、時、地、物，才能講好笑話。如此，讓人發笑的技巧，已經超越解決邏輯思維脈絡與口條，進而處理表演者與觀眾的連結。

我曾經以為，搞笑，只要浮誇就好；結果越發醒悟，原來在舞台上發生的所有一切，都是真實人生的精煉過程。太珍貴也太驚喜了，於是我開始宣揚「笑」教會我的人生道理，包括因為幽默感，我學會「包容」。

你或許會說：「嘲笑，是一種包容嗎？」

事實上，我們笑得出來，是因為我們有看見這件事的發生，當這件事很顯眼、特別，很不容忽視時，人們為了展現優越感時，的確會反諷，讓更多人站在自己這邊來「嘲笑」，藉此代表人們宣示自己「有看見」。

1.《有機！激派對》時的造型。2.《音樂好小時光》跟老公第一次同台。3.《徵婚起笑》集氣。4.與觀眾合影。

嘲笑，是出於優越感的欲望使然。

禿頭、胖子、暴牙……等，外在形象一直是我們成長過程中的硬傷，因為容易看見，就容易攻擊，案例不勝枚舉。但換個方向想想，越容易受傷的事物，也越容易找到堅強的盾牌。

而舉凡沒有看見的東西，不被在意的事物，我們連講出來嘲笑它都會害羞。

當被漠視習慣了，漸漸也會找不到發聲的勇氣，越發覺得是自己「小題大作」。文明社會發展至今，我們把多元掛在嘴邊的時候，如果對某一種狀態集體無感，是否更值得我們警覺？

我不認為嘲笑是唯一的一種幽默感，事實上，喜劇還有很多可以理解的範疇。幽默是一種「感受」，包含太多可以認知的其他感受，好比荒謬、洞悉、驚喜、羨慕、調皮、苦惱、後悔……等人性。我們必須得承認人性，否則要笑什麼？

所以我認為我在學著幽默的這條路上，也在學包容，包容這世上的不完美、包容每個人必定會有缺點、包容每件事都有不同的立場，最重要的是，它讓我包容了自己，它讓我原諒我自己。

如果，我擁有完美的外型、品格正派、完全政治正確的思想，當我想耍一下幽默的時候，可能會不知所以然，或是讓聽者感到不堪吧？

我是平凡人，我需要以不完美的形象活著。於是，我需要知道除了完美之外的道路，我需要擁有人性卻能夠發揮魅力的關鍵技巧。最重要的是，我需要知道怎麼讓自己笑出來，或是讓別人理解我的思想但也笑得出來。

幽默，讓人容易親近；有幽默感，也會對不完美多些包容。如果你是一位常買書但不一定會看完，翻翻前言就覺得自己有氣質、有讀書了，那我要在最快的時間內，給你一句我用自己的人生經驗領悟出的至理名言：

「笑自己」越多，「笑別人」越不容易踩到線。

但如果你覺得讀到這裡，好像有點趣味、可以繼續看下去的話，我想跟你說，

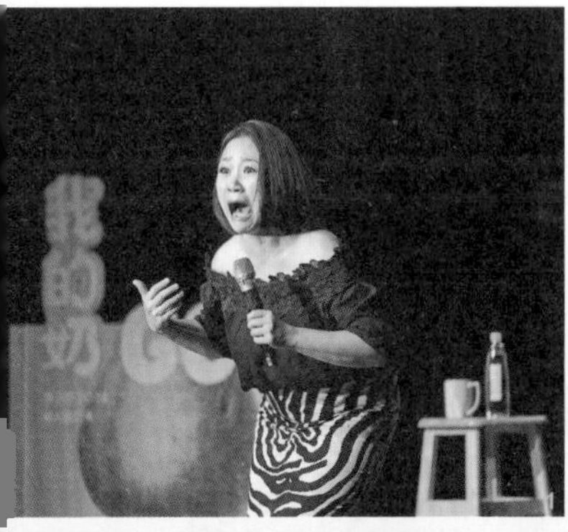

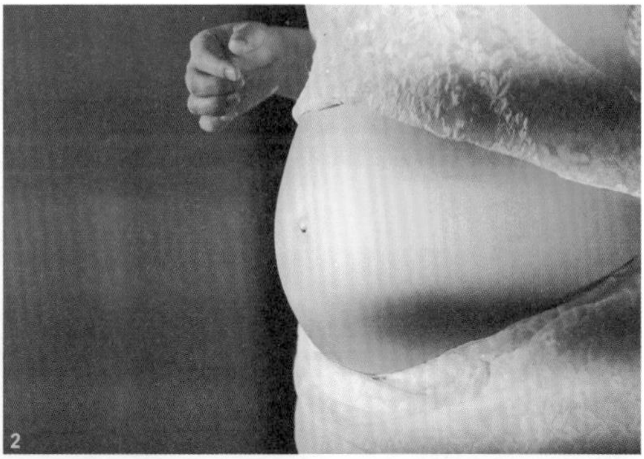

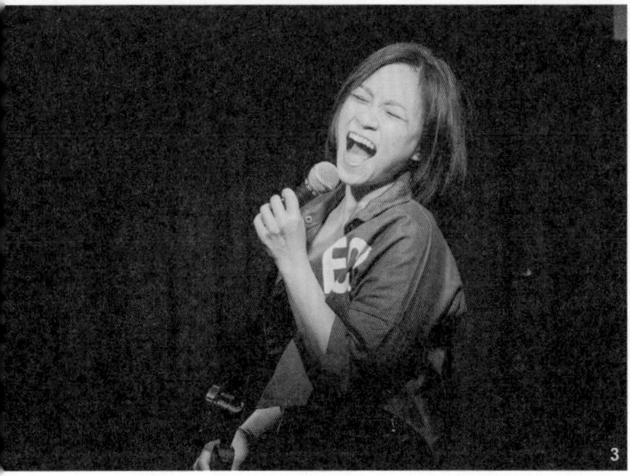

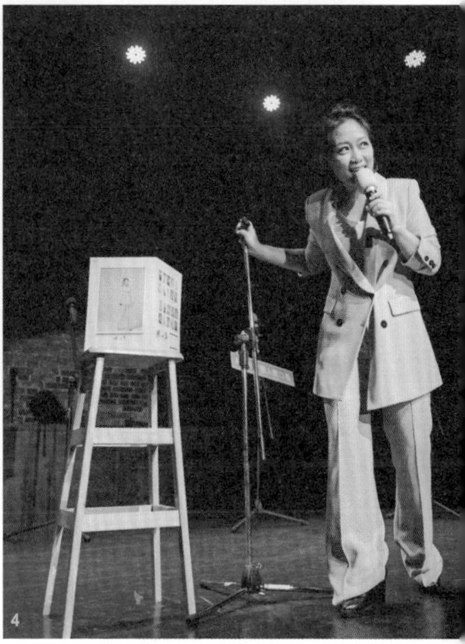

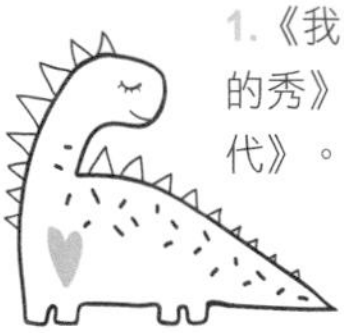

1.《我的奶 GG 了》表演照。2.《你媽的秀》「孩子」獨照。3.《告別少女時代》。4.《胖 · 十年》脱口秀。

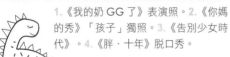

我不會給很多至理名言的幽默必勝方案。如同我剛剛所說，這是「感受」。感受得要是你自己「有覺察」，要讓自己能夠笑出來，只有靠你自己——機器人拿著羽毛對你搔癢是搔不到笑點的。

接受不完美的自己，無須每天來點負能量

總有些人想要找到「幽默快捷鍵」，於是模仿他人講笑話——我相信，有太多人絕對有重述他人的故事，卻搞得現場一片尷尬的經驗；還有一種想要快速耍幽默的方式是：「我跟你講一個笑話哦！」不僅不好笑，還會讓對方心裡想：「看你有多好笑。」

幽默，要先學會犯錯，做些蠢事，還有大聲地笑。而且學習的路徑將會充滿挫折與尷尬！好處是會開始「包容」自己。壞處是你的形象（通常是自以為的形象）會開始崩解，你願意嗎？

我想好好推廣這個幽默的文化，是因為我自認是個很包容的人，而我所認識

的人之中，凡是真心推廣這個文化的人，也很包容。我們都願意接受「不完美」這個事實，也相信如果這個社會多點幽默感，每天不一定需要來點負能量。

當每天來點「包容」正負能量的觀點，藉著幽默感，我們會找到溝通的空間與聆聽不同立場的態度。

也許有人會問：「好笑，重要嗎？」

我覺得學會包容很重要，你覺得呢？

承受痛楚、表達不快，不避諱所有的感受

女生這種生物，充滿羨慕與討好，總是在找尋不犯錯的可能，也聰明到可以把錯誤降到最低。天性導致我們擅長維持和諧，但也導致我們不被理解。在大眾的認知裡，女性特質等於情感豐富、難搞、纖細、愛哭、一觸即發。為了讓女性乖乖的、不要爆發，我們會哄騙，避諱談及所有的感受。

我們連公開笑女性的勇氣都沒有，我們只想要近世上一半的人口維持那份和諧；最好，連女性也不要自己笑自己，當有傷口的時候，就用一段漂亮的蕾絲當繃帶，反正只要說「你好漂亮，好像一個洋娃娃」，你就忘記自己為什麼受傷、怎麼受傷的，漸漸也就忘記尋找自己是個什麼樣的人了。

女性也應該要有人性，甚至可以接受被笑，或是笑人。我們可以用言語來挑起敏感的神經，讓所有人都發現不痛快，讓所有人都如坐針氈——我們可以承受這樣的壓力。我們不需要再重蹈覆轍，不管是漠然地說「我沒事」、哭著說「你都不了解我～」，或是使盡全力壓抑情緒、表現出最嚴肅最MAN的狀態⋯⋯這些都不會幫助人們了解我們。

我們可以學著用幽默的力量。

「女生搞笑，重要嗎？」

書寫至此，應該來句至理名言：來吧，買書、看書，認識黃小胖。

Contents

輯一 女孩一定要溫柔優雅嗎？搞笑、愛現可不可以？

輯二 女孩，你為什麼這麼糾結？

輯三

誰說幽默靠天份？學了就會！

輯四 幽默女子力，找到自我的價值觀

輯一

女孩一定要溫柔優雅嗎？搞笑、愛現可不可以？

在寫女性的心聲前，我想先對男性告白一下！
我想呼呼男性心中的脆弱與陰性面。
如果可以，我會在每一次疾呼女性主義時，
請求觀眾理解，男性也需要被托住。
平等所代表的意義就是男性可以女性化，
你很娘，你很棒。

女生可以愛現嗎？關於表演夢

「考個正常的大學吧！」

求學時期，影響我最重要的一句話，應該就是這句平凡、普通、不帶有任何情緒勒索的詞彙——「正常」。

我不正常，但我外顯的特質符合父母所期待的「正常」：乖巧、善解人意、成績中上。他們一點都無法想像，眼前這個安靜的孩子其實最想要考的，是藝校；也無從得知我在學校最期待的，是站在舞台上被注目的時刻。

國中時期，每年學校都會辦演講比賽，老師總是推派全班成績最好的前三名參賽，看著他們寫演講稿、備賽，那是成績沒那麼好的我最嚮往的「福利」。

直到國中最後一年，大家都全心衝刺在各種大小模擬考，有一天老師叫了我的名字，那是一場教育部指定的即席演講比賽，每個班級都必須派人參加，機會便落到我身上。

「珍貴的早自習時間應該要準備考試啊！」、「老師不想派前三名才叫我」、「教育部幹嘛要國三生比賽有的沒的」……帶著一種不甘心卻又不得不承認自己很想去的狀態，我什麼都沒準備就前往了場地，抽到的題目是「認清自己的路」。

「你們有沒有想過，現在在台上的這個人根本不想上台？」

這樣的開場白，驚醒了在台下聽了好幾位參賽者制式演講內容、已昏昏欲睡的同學與老師，他們抬起了頭，看著滿腹牢騷的我，用這種強大的氣勢進入演講主題。

中二的狀態持續不了一分鐘，回過神的我已經想挖地洞鑽到世界另一端。

在舞台上的我被現實的注目禮給電擊著，要怎麼結尾呢？啊！講了一分鐘還沒講到題目！「……所以認清自己的路是很重要的！」我草草結尾。

上台這一分鐘，讓我整個國中生涯有了亮點——我記得那股心跳，我記得籤條上這六個字的份量，我記得賽後沒得名次的我獲得老師的點評，短短的兩個字：勇氣。

而勇氣，也是我後來表達課程的定調基礎。

是什麼讓我後來失去了上台的勇氣？

身為一個愛舞台的人，我有好長一段時間不敢告訴別人我喜歡舞台，因為我不想被誤會走上舞台的動機就是「想當明星」。「表演＝明星」在當年幾乎是一種定論，或許至今亦然，所以愛表演的人都得克服一種嘲諷：

「長成這樣也想當明星哦？」

長相，已經是每個女生最日常的糾結了。當顏值跟夢想勾在一起時，那真是梳理不開的煩躁與苦澀。很多人說「一開始就知道夢想所在的人真幸福」，但當時的我，忙著處理青春期的多愁善感，內心充斥著對教育、社會、家庭的不滿，若聽到人家說「這麼想紅，快去整容」，那根本就是炸彈引爆點。

於是我壓抑早早就知道的表演夢，在路上、車上，偷看華岡藝校的制服，考取升學高中，勉力符合所謂的「正常」。

然而，原以為時間能使人遺忘站在舞台上的快感，大學志願選擇又再次敲敲心門。

面對很想做的事，除了努力累積實力，如果還有鼓勵，有那句話，或者有那個人，我想我會不顧一切地報考藝校。可是我沒有自信，父親一句「考個正常的大學吧！」，就足以讓我把所有的不滿都丟給家人。

「什麼叫做正常？」、「我就是長得太正常了！」、「是你們毀了我的夢想！」、「要不是你老是這樣說，我怎麼會這樣做！」……這樣的念頭太容易出現，把過錯推給家人實在是太方便了。事實上，如果當年我對外型更有安全感，對表演有更多的成就感，我相信我會爭取。

家人的話語只是一個藉口，也是讓我逃避自卑的港灣。

進入大學後，我狂熱地參與社團，加入了「世新大學話劇社」。那是我人生的第一道救贖，我在其中獲得充足的養分與關愛，盡情享受被注目與被擁戴，甚至鼓起勇氣參與知名的「如果兒童劇團」徵選。

那是一個陽光灑落在牯嶺街小劇場階梯的午後，我印象深刻的一幕，是看見排隊徵選的人在梯間展現身體的柔軟度。我反覆在腦中排練表演習題，卻被小腿抬至耳邊的戲劇本科生嚇到：「哇！她的腳在天空耶！」、「她能這樣，我憑什麼可以表演啊？」

可是，我入選了。

接到電話的那一刻，是我有生以來第一次明白，「狂喜」多麼令人血脈賁張。原來這樣的情緒令人想要發洩所有力量，所以我狂踢床板、吼叫，甚至把玩偶甩來甩去，直到看到內塞的棉花在天空飛舞為止。

接著，就是天堂與地獄的交疊，因為我跟不上劇團對演員的要求。濃濃的自卑感還來不及消化，就得一次又一次地面對重擊。雲門舞集的老師在我面前後空翻，完美展現練家子的台下十年功，而我的腳不僅無法抬到天空，還讓我只不過是在地面努力前滾翻，就像個保齡球滾進水溝，發出碰碰的撞擊聲。滾完的我臉色蒼白、想吐，別說以演技完成夢想——靠演技證明自己可以完成表演動作都有難度了。

當時，只能為難老師用最簡單的編舞，讓我巡迴站上國家戲劇院、新舞台、城市舞台等全台灣最豪華的表演場地。我告訴自己，我「算是」完成夢想了吧！雖然只是群眾演員，但演員不分大小啊！我在舞台上活了幾十場，跟台灣最強的團隊共演，還有什麼好不滿足的？這些自我說服，表面上安慰了自己，實際上卻讓我的心更加脆弱，覺得自己配不上夢想。

畢業之後，我黯然地隨著學長姐拍片，做一個離演員最近的工作——造型師，對我而言，那是最安全的，我可以靠近表演工作，但內心的自卑感不會因此被觸及；面對那些臉超小的女明星，看著她們的大腿纖細如我的手臂，我繼續服務每一個劇本裡的角色，覺得自己可以就這樣瀟灑地跟表演欲道別。

展現自己，是很正常的

「反正，我就不是那樣的女生。」

當一個漂亮的女生展現自己，人們會說大方、得體，社會集體的意識會讓她展現出更為優雅大器的態度。小胖如我，情緒感受以及肢體運用都相對幅度更大，展現自己的過程中稍有偏差，就容易陷入「愛現」、「三八」、「花痴」的負面形容……還不用別人說些什麼，自己就陷入詆毀與糾結之中。

「愛現只能展現美嗎？」

「如果是，那要多美才夠美？」

如今的我能平靜看待當年的那些選擇，我可以面對自卑、推諉、恐懼，我知道其實沒有任何人阻礙我，是我自己的膽小與無知讓自己陷入被辜負的框框裡——但這是因為我已在表演舞台上十年，我勝過了那個「外型決定自己價值」的心魔。

記憶力不好的我，對小時候的記憶不多，關於老師、同學的印象都很模糊，僅能挖掘到一些體育競賽的回憶。但我記得自己站上講台，即席演講、自我介紹、××國小市長選舉的輔選短劇、戲劇營的成果展……等被注目時，那股皮膚酥酥麻麻的暢快，還有聽到自己聲音的存在感——那是我人生持續在追求的投入與享受。

我們總在心裡有許多糾結，誤以為沒有選擇權、限制自己的可能……其實，甩開你內心的既定印象與框架包袱，每個人都可以展現屬於自己的魅力與力量！

或許，三歲在中正紀念堂廣場唱歌跳舞的我，血液裡早早就被注入了表演欲。我只是糾結了二十五年，直到二十八歲才有那樣的勇氣承認——我愛表演，我愛現。

在心態上接受自己後，擁抱的就是突飛猛進的表演能力。這時候我才明白，原來啊，困住自己的不是別人，是我自己。

走在這條鼓勵別人擁抱愛現的路，如今，也超過了十年光陰。我常跟來報名課程的學生以及身邊的朋友說，如果你覺得自己不夠好，不夠完美，請期待時間可以治癒你。

能說這句話，不需要任何的「成績」，我只是一個花了三十年才學會什麼叫做「正常」的女生，那不是任何人給你定義的，而是你自己經歷來的。

正常的女生可以愛現，或者說，每個人都可以很愛現。因為，展現自己本來就是正常的。

女生可以有選擇權嗎？關於性別

「如果，你是男生就好了……」

性別平等爭取了數十年後，「生男生女一樣好」這句話講出來終於比較不像是一種自我安慰。但是在某些情境下，他人脫口而出的心裡話，還是會走入女生的心，提醒自己：「我是女生，是不夠好的那個。」

我是長女，幸運地在離異家庭中獲得優先的資源。而跟我相差三歲的弟弟，在家庭爭吵與隔代教養中長大，當大人們一回神，始終落後的弟弟已成為家中墜落的引力。

還記得中學時期，第一次進出警察局所學到的事情是，原來失蹤二十四小時內，警察是不願意幫忙找人的[1]。於是，無數次我跟著爸爸到處尋人，在公園、車站、街頭到處探詢他有可能出現的地點。而我弟返家後，卻還可以若無其事地跟我分析哪個藏匿的地點更好躲、更舒服。

那時，他才國小。

抽菸、蹺課、管教、離家出走，是一個惡性循環，最後導致全家人的無奈與麻痺。在失和的家庭裡，我勉力維持著正常的狀態，不讓長輩煩心；但也因為如此，在每一次家庭聚會中，都會聽到「比較」的話語：「如果你跟姐姐一樣的話，多好！」長姐如母，我真的是弟弟最親最尊敬的姐姐，也像是他的媽媽，卻同時是他痛苦的心理壓力來源。他內在的矛盾太大，既無法恨，也不想被比較。

我以為我是心理健康的那個，但這一段回憶烙印在我心中的傷，顯現在這一生注定為教育與平等奮鬥。

「如果我是男的就好了！」在我青春期，無數次在心中吼叫著這句話。

「不要再要求弟弟的成績了，讓我來擔，好嗎？那些弟弟的缺點如果放在一個女生身上，也許沒有那麼傷人；而他的優點被漠視的原因，就是因為性別期待不同。」

「好希望我是男生」的這個想法，讓我不自覺地展現各種男性化的舉動，強化了我原本就具備的陽剛特質。直到我被「好好笑女孩」[2]救贖，而那已經是三十歲左右的事了。

喜劇演員界也有性別框架？

十年前，女生是不搞笑的。當時的我加入「卡米地喜劇俱樂部」，在經過一段時間的脫口秀訓練之後，我成為了全台灣第一個站立喜劇／單口喜劇／脫口秀團

1 實際上，警方協尋失蹤人口工作依循規範明定，警察機關對於失蹤人口報案，應不分本轄或他轄立即受理，不得拒絕或推諉。

2 為黃小胖在二〇一四年所創立全台唯一搞笑女子團體。

體——「站立幫」中唯一的女生。

成為脫口秀演員的第一年，最常面對的是觀眾憐憫的眼神：「好好的一個女生，不要這樣好不好？」不管是觀眾或是夥伴都不想看我扮醜、耍笨，這種看似出自於對性別的保護意識（其實是刻板印象），讓我的表演魂無處發揮，不管怎麼大喊「我並不想當花瓶！」，都遲遲無法掙脫這種困境。

這才理解，原來觀眾的不捨，會傷人。

捨不得笑一個女生的處境，寧願沒看到女生的不堪、不想面對女生的不完美，這些都讓我意識到性別期待對人的枷鎖。我在一個男性思維的喜劇環境裡（站立幫的夥伴都是男性表演者），意識到性別框架的窒息感。

男生戴假髮畫口紅塞胸部，觀眾呵呵笑；女生戴禿頭頭套畫鬍子自嘲胸部小，觀眾不敢笑。既然誇張強調外型的笑料行不通，我就換個方式，黃色笑話呢？觀眾依舊不買帳。觀眾所期待的，是女生要準備「高級點」的笑料，最好是知性、智慧、優雅，不要太刺蝟、苛刻、也不要裝瘋賣傻；至於男性這麼做——「他們是男的，無所謂啦」！

「男生應該要保護女生不要被嘲笑，如果有太醜或是太蠢的設定，男生來做。我是唯一的女生，太可貴了，應該要被保護，我只需要打扮美美地上台就好。」

一開始的我也認同這個邏輯，直到我發現，那些台詞交由任何一個美美的女生都合理時，我崩潰也覺醒了：當一個喜劇演員站在台上沒有「個性」，只有「性別」，那可以直接宣布這個喜劇演員的死亡。

這種性別框架一直到近年才有「一點點」改善，但是，那可能是在相對年輕的族群當中，一旦走入年紀稍長的群體裡，性別枷鎖仍舊無所不在。

二〇二〇年我接了一個商業案，劇本安排丑角男女各一，作為喜劇演員，我負責花痴角色。審核時，一名女性主管特別提點，「讓那個女生（指我）『專業』一點」，但同劇的宅男扮演丑角時，她喜歡極了。看著她掌握全局，穿著打扮帥氣挺拔，不時透露出「我是個女的，但不要小看我」的霸氣感，我知道我冒犯了她對於女性的形象框架：女生在事業上已經很辛苦，不要扭曲女性！

「不要醜化女性」的政治正確思維，是不是代表另一種形象框架呢？

身為一個女諧星，這些都是我的日常。過去十數年的經驗中，各種的合作案，面對管理階層，上級喜歡但上上級不喜歡，常常就在這樣的矛盾中無法突圍。「女性要好笑，但不要浮誇不要低級不要腥羶色不要扭曲不要僵化不要地獄哏……」這一連串的緊箍咒列下來可以近百項，於是每個創意改東改西，導致最後成品變成四不像。

這個社會，是不是用保護之名，行霸凌之實？

由我開始作出改變

還有一個有趣的觀察，在二十年前分析劇本，假設總共有五個角色，會有三到四個以上必須是男性，剩下那一個女性角色，要不就是溫柔可人，要不就是脆弱可愛。而戲劇系的女演員們畢業搶工作，上百個人去爭取那一個「最美」的角色，女一號需要符合前述的性別框架，女二號，就是符合所有性別框架，但是要

「壞」。有的時候，角色甚至寫不到女二；而男性角色的競爭度相對輕鬆太多，選項也較廣，不管是老闆、醫生、校長、攤販、企業主管、董事、司機……既定形象還是找男演員。

「既然沒有這麼多人寫女生、形容女生，那我來培養好了。」抱著一股熱血，我覺得解決問題要從源頭開始。然而，過程中的困難不只是培養創作者，還有整個產業與環境對女性價值的各種角力。

「這麼辛苦就不要做啊！」

心疼我的男性友人會這樣說，然後開始計算ＣＰ值，並且分析成功失敗的停

捨不得笑一個女生的處境，寧願沒看到女生的不堪、不想面對女生的不完美，這些都讓我意識到性別期待對人的枷鎖。我在一個男性思維的喜劇環境裡，意識到性別框架的窒息感。

損點，付出多少就應該得到多少回報。而我的感覺是，這種言論好「直男」哦！好像凡事都是戰場，只有勝者為王、敗者為寇，只有解決問題才夠爽快。

有些問題就是無法解決，但我們可以再多做些什麼，幫助自己好過一點。

付出，可不可以不求回報？可不可以只是因為自己享受過程？可不可以是自己看不到成果，但幻想未來會更美好？

後來的我，慶幸自己是個女性，我有女孩的任性也有母親的韌性，那種不管是否會成功的任性與越來越印證初心的堅持，讓我理解母性。

我想，理念之所以有價值，就不是單純地為自己好，還有遠景與下一代的美好。孕育很久的理想，生產出來之後，我想陪伴它長大。

我期待，有更多種女性形象被看到。

如果這個社會能發展成更多元、更包容，也代表會有更多男性形象被理解，包含我弟弟小時候展現的細膩善感，也會被呵護。

如果能回到小時候，我想跟自己說，性別氣質是一個光譜，你能成為你自己就好了，不需要一直想著要成為一個「男生」，擔當起壓力來守護弟弟。你這個存在本身就有很多要承擔的責任。問題是，你想擔起什麼樣的任務？

我想好好做一個女性，我想守護女性摸索自我，我希望「好好笑女孩」這個詞彙正中間的「笑」，是形容詞也是動詞。我們一起笑看身為女生的為難，在這樣的動作中長出勇氣，更豁然地面對與生俱來的特質。

我是女生，我不是男生，很好。

女生可以展現力量嗎？關於女權

「你有討厭的人嗎？」

面對著深陷自我糾結，不停地渴望別人愛我、不願意被人討厭的學生，我常會問出這句話：「你有討厭的人嗎？」

對方可能會遲疑許久才支支吾吾地說：「嗯，我有討厭的人。」那神情帶有罪惡感，她不願意承認自己會討厭別人，也不想面對自己的黑暗面。畢竟大多數女生從小被教導著端莊、優雅、與人為善……等好女孩基本功。

而既然她親口承認了腹黑面，那我會接著問：「討厭誰？告訴我全名。」

我可以感覺到她心跳加速，有時腦袋快速運轉著「要講哪一個？」、有時連講出那個名字都有一定程度的厭惡感而不自知，有時卻帶著興奮，因為直接面對自己最深層的想法時，其實讓人感覺豁然開朗。等那些情緒一閃而過後，她衝口而出「×××」，我期待的是她的舒暢感。那種感覺很像做了一場心靈SPA，一直浸泡在滾熱的水中，等到鼓起勇氣踩進透沁涼的冷水裡，全身刺麻地接受這種名為「討厭」的感覺。

我們會討厭別人，但我們連討厭的感覺都不知道。我們還會有一種標準詢問自己，這樣算是討厭嗎？嘿！女孩，你知道自己有沒有高潮，卻告訴自己「要很討厭才算討厭」——不是這樣的，一點點高潮也算高潮。

接受討厭別人的自己，讓勇氣誕生出來

我們先來接受情緒的合理性，每個人都可以討厭人，包括自己，當然也可以討厭別人，並且沒來由地討厭。有些人的存在本身就很刺眼，扎入你心裡的煩

躁，想到他就覺得不舒適，甚至會有噁心感，這大大小小的情緒感受，都是討厭。

無端討厭別人，的確是一種不友善的行為。我們不用放大這種感受，時時刻刻想著那個討厭的存在，但我們可以接受會討厭別人的自己。這樣一來，當別人沒有理由地討厭你時，你反而比較能夠理解對方。關於「被討厭的勇氣」，或許我們先學著接受自己的卑劣黑暗面，才有機會讓勇氣誕生出來。

有些同學會顧左右而言他，說自己是討厭那件事、不是討厭那個人。這樣雖然聽起來比較圓融和善，但事實上也把自己陷入「只要自己行為改善，就會讓所有人都喜歡」的情境中。承認吧！有些人只是存在著就讓你感到刺眼煩躁。而你也有可能只是存在著，就讓某個人覺得不舒服。

總有些學生，無法接受自己會被討厭，所以也無法討厭別人。他們時常會散發一種討好的氛圍，對方說什麼他都好，認為這叫隨和，實際上是把決定的權力交給對方，壓住心底的埋怨與不認同，這種「只要對方不討厭我就好」的相處模式，其實讓人倍感壓力呢！

有趣的是，這種時不時討好別人的人，最常羨慕的對象就是「必取」（Bitch），對於自媒體那些勇敢說出「不喜歡我就閃開」的名人有著非比尋常的投射心理。我很好奇，是那些是那些名人自帶光環才讓人心生嚮往？還是這些人內心太過沒有價值感，必須用討好來感受自己的存在？

找到自己的價值，就不怕別人討厭

四十歲的我，在人際關係上分合多次，發現那些坦率承認「某些物種就是跟我不合」的人，反而好相處。畢竟我們生活在現代，人類文明已經多元到不需要符合每個人的價值觀。於是我學會，不用跟每個人做朋友。

我是在站立幫[3]學會討厭的感受，那是我三十歲左右的事。在那之前，原生離異家庭導致我向外發展，在朋友群中常常是領導位置，外向、活潑、幽默、

3 由台灣喜劇之父張碩修成立的全台第一個喜劇團體。

好相處是我的標籤，從來沒遇過交朋友這麼辛苦的局面。

可是，脫口秀不只是交朋友啊～我們要負擔的是各自段落的笑點，還要在團隊演出中合作。自編、自導、自演的演出中，牽扯的不只是隨和程度，還有更多來自個人的創作，也就是「個人價值觀」。

什麼東西好笑？這來自於個人的背景與觀點。當一群男生聚在一起時的幹話集結成一齣現場喜劇，唯一的女生要隨和地飾演花瓶？還是要板起臉說「這根本就不好笑」？

這兩種情況我都嘗試了，甚至跟著音樂節奏高喊：「前女友，婊子！」看著當事人變臉離開演出場地，經過我的身邊，有個抽離的我在捶打自己：「黃小胖！你是誰？」那一幕午夜夢迴時常常出現，我真的知道自己在做什麼嗎？

為了舞台機會，我願意討好，討好觀眾、夥伴，卻忘了討好我自己。第一年的演出，充滿自我懷疑。用二十八年確認夢想站上舞台的我，不喜歡這些製作背後的價值系統，我學會很多貶抑女性的名詞，出演更多被幻想的角色，我努力地變得更漂亮以迎合主流價值、表現隨和，直到當我反彈時招致「情緒化」的回應。

不會吵架的我，在每次團練會議中表現冷漠、嚴肅、哭泣，都無法好好解釋自己身為女性的無奈與受傷。我覺得有些觀點很難笑，但他們笑瘋了啊！在笑點為上的世界中，要怎麼表現生氣才對？要如何表現生氣，才能是他們心中懂幽默的女性？

五、六年來的「鬧不合」，因為一個導火線，我離開站立幫。而後，經歷結婚、生子，再度回歸演出「十光機」，沒有太多的和解動作或剖心時刻，因為時間夠我們長大成熟。我們開始懂，爭吵都是在辯證自我，都是讓我們更成為「自己」。而成為自己的過程中，不能抗拒衝突，也不需要別人欣然接受蛻變的你。

接受情緒的合理性吧！每個人都可以討厭人，包括自己，當然也可以討厭別人，並且沒來由地討厭。

有意識地面對討厭與憤怒，那是你勇氣的來源

當我選擇另覓表演舞台後，自製演出並專心耕耘女性幽默，不處於同一個競爭的環境中，我反而看到自己的價值。之前的我，覺得要有贏的把握才可以「現」；後來我明白了，展現力量也可以堅定，甚至帶有溫柔。

展現力量不代表打趴別人，女權的存在不是為了打趴男性，而是讓我們懂，我們可以爭取；當有不平等的形式藏在話語權背後，我們可以捍衛；當既得利益者不自覺地霸凌時，我們可以表達；當對方說「女生都好情緒化、好難搞、好恰北北」時，我們可以說：「對，我就是女生，怎麼樣！這位玻璃心的男生，你還好嗎？」

如果先天的養成教育讓女性更懂委曲求全，更懂和善待人，那我們需要有意識地面對自己的憤怒，那就是勇氣的來源。要夠生氣才找得到的力量，通常是有一個捍衛的原因才找得到，因為母性是女性內建的基因，當我們想守護時，就會挺身作戰。

我是從接受「自己會討厭別人」這件事之後，才開始慢慢接受「原來就是有觀眾會討厭我」，無關乎我的人品與價值，只因為我代表的思想很刺激他、我說出來的話對他來說很刺耳，或只因為我是黃小胖。

如果我不是個「咖」，我沒有擁有任何思想與存在感，那我也不會對任何人帶來影響。當我接受這股關於自己的力量，我越發閃耀，那些關於討厭我的聲音就越小聲、越無害。

請接受某些人只是存在著就會讓你很煩躁的感覺，懂得生氣、懂得勇氣之後，就疏離那個人一點吧！不用老是複習、咀嚼討厭的感受，當你選擇活得自在，也才能感謝那個讓你學會「討厭」的人，同時也接受自己會被別人討厭的事實。

（對了，對於那些討厭我的人，有時我會很阿Q地想：『說不定是我的眼睛長得像他前女友，我的聲音像他的前妻，或是我的身材像他媽……所以我會被討厭吧？』）

女生可以達到平衡嗎？

「練習把炸彈丟往郊區吧！」

從業十年，我理解了一件事：笑，本身是一種炸彈。會讓人笑出來，必定代表有人被冒犯。現場氣氛和樂融融，只是因為被笑的人不在現場，或是當事人並不在意。

即便是最紅的冷笑話「有一個人叫小蔡，他走著走著，就被端走了」，都會使一個姓蔡的人覺得自己被叫小菜叫到煩了。每個人的地雷與經歷的事件，都不是丟笑話的人能預測得到的。所以有時丟擲笑話，就是得準備有人受傷。當然，總有些動物笑話、猜燈謎或諧音笑話不在此限，但我相信總有些人會特別痛恨這種笑話，於是氣氛還是特別乾冷。

幽默感，本身就是綜合感受，來自聽覺、觸覺、視覺的各種感受刺激，講述關於「人類」有共鳴的感受，觀察在不同階段、不同狀態的體悟。所以，成人哈哈大笑的議題很難跟小朋友解釋，小朋友笑瘋的時候也無須說人家幼稚——以此類推，無須強求不婚主義者、單身人士特別喜愛黃小胖的哺乳笑話。

喜劇諧星也有人設困擾，丟笑彈要注意平衡

每個人都有自己不太在意的話題，不管你怎麼攻擊，他都無所謂，這種點我稱之為「郊區」。另外一種一踩就爆的痛點，或許是他最在意的自尊或是專業性議題，我稱之為「市區」。使用笑話的人最為困難的地方是，分辨人、事、時、地、物，在適當的場合，丟擲笑話。如果幸運，就是在這群聆聽者所代表的思想上，精準地打中郊區，引發笑浪。

好比台灣觀眾最愛討論政治議題、藍綠立場，不管在哪一個相反立場攻擊對方

的市區，都會引發災難。但若突然聊些粉紅泡泡，還有可能製造笑料（但還是會有些人，生平最討厭愛情垃圾話放在專業立場上對話，那丟笑話一樣會炸得粉身碎骨）。

至於有些笑彈，既不丟到郊區讓你覺得好笑，也沒丟到市區讓你覺得被冒犯，那就只是個無效（笑）攻擊，超過當事人能感受到的「國土」了，沒有感覺。

看喜劇演出沒有被搔癢到的絕大部分狀況，其實是知道這是個「點」，卻不覺得好笑。有時我觀賞原文脫口秀影片，看著字幕，也會「哦～～」恍然大悟卻沒笑出來。

不能否認的是，「笑」本身就是針對人類的。想要完全零失誤的丟擲笑話，除了練就幽默感，還要懂得察言觀色；或是讓觀眾站在旁觀者的立場，看炸彈在天空飛，也會減低風險。

喜劇諧星，本身就是軍火製造商。我們負擔的責任不是「無害」，我們必須讓觀眾看到一場煙火秀，我們堆積出偽造的一〇一大樓市區，越高越醒目，就是要讓觀眾笑得過癮！

許多想當諧星的人，都想感受那種自製笑話炸彈丟往別人的郊區的感覺，這時我反而會提醒，能不能找到自己可以被笑的點，適時地開放出來讓大家開心一下，才是值得思考的課題哦！

把面具當配件，跳脫「我是誰」的焦慮感

我是一位私底下低調、沉穩、嚴肅的人，台上那些熱情與瘋狂，都是我穿戴好防彈衣的狀況下進行的攻擊與自殘動作。而我所認識的諧星，台上台下也或多或少有落差，那一套在舞台表現的形象就是超人服，不管是胖、矮、窮、尷尬、花痴、宅男……等人設，就代表著「超能力」。

人們以為我們擁有讓人笑出來的能力，代表完全不會受傷。實際上，午夜夢迴自己拔出來的刺，不停提醒自己的存在感與價值，傷痕累累則代表我們又進化了。笑聲，就是我們的特異功能、無限寶石。

常常被問到，私下與檯面上、嚴肅與搞笑間，要如何切換呢？

曾經，我也陷入「我是誰」的焦慮中。學生來上課時，期待的是一個趣味橫生的教學現場，可是我知道讓人笑，就是擁有一項會「傷人一千，自損八百」的武功，所以必須練功。練招式是熟悉文本與精準，練內功就像是培養心理素質，不管是哪種練功都是修行。既然是修行，那就要嚴肅以對——結果，我把同學想得太進取了，大部分的人根本沒有想吃這一行飯、練這一行的功，他們只想看熱鬧地感受當諧星的樂趣。課程總有成果發表會，最常聽到的結語是：「小胖老師，我以為當諧星很好玩，結果發現創作、想劇本的時候好痛苦哦！」

如果我的態度較嚴格，學員會展現各種挫折、崩潰，最後就是逃避發表。而當我詼諧輕鬆，同學又常常腦袋放空，等待我為其完成笑話。我知道我能帶給他們的僅是享受過程，因此反覆試驗教學風格後，我決定不切換教學態度了，不論是兇一點或好笑一點，都是我。只要帶著慈愛與包容，因人而異地給予筆記，反而讓教學現場都各有所獲。

我也曾在聚會時講出有喜劇節奏的話，被好友取笑：「你現在沒有辦法不當諧星了。」他們希望我自在，不用上班取悅他們，即便想笑話變成一種內建程式，他們都希望我省點腦力，不用執行這項功能。

這種私底下與舞台上的人格切換，困擾了我很久，直到近年才比較改善。還記得第一次當嘉賓參與《媽媽好神》節目錄影時，工作人員跟我對稿，千交代、萬叮嚀待會面對鏡頭不要這麼認真嚴肅，要放鬆一點。第一場錄完下台，她跟我說：「你剛剛很好，很放得開耶！」我冷靜自持地道聲謝，沒過多情緒，她驚嚇地表示：「你真的是台上一條龍，台下一條蟲。」

以上多種情境，是說明我理解那種要選擇面具的感覺，我懂在A面前很自在、可以亂說話，但在B面前是另外一種人格的感覺。而身為諧星，我的任務就是記住自己最好笑的狀態，並且想任何辦法適時開機進入那種狀態。可能是三五好友聚會，喝酒喝茫了，我才突然被「附身」般狂放；也可能是剛好有個朋友在旁，我稱之為繆思女神，她不管怎麼被你吐槽都好笑，那就別放過精準投放郊區的連番攻擊。

這種喜感降臨、附身的狀態我們要不停地「複製」、「貼上」使用，但平常我們就做自己就好，不用刻意搞笑或嚴肅，也無須承擔別人的眼光。

不用選擇面具，代表很清楚知道自己是誰。面對不同的人、事、時、地、物，把面具當作配件而不是主角，我選擇自己想要度過此時此刻的方式，活在當下，反而讓我達到平衡。不糾結於他人的看法，只專注地問自己「想要怎麼過這段時間」，就抵達平衡的境界。

每個人都有很多樣貌，我們會因為對象不同，呈現的方式也不同。當別人質疑我：「你不是諧星嗎？怎麼不說個笑話來緩和一下氣氛呢？」我已經不會再把問題攬在自己身上，好像我必須應該隨時準備好面具；也不會再氣勢凌人地說「聽我講笑話要錢耶！」，畢竟此時對方將焦點移到我身上，是出於善意想抬高我的位置，或是氣氛低迷有狀況而有求於我。既然不想擔也躲不了，現在的我會這麼回應：「我的面具／超人服／段子／麥克風，放在家裡耶！需要我回家拿嗎？」

當有了底氣，也就不用時刻證明自己的存在，更不容易被踩到「專業」的點。於是我的「郊區」越來越廣，用幽默化解危機的狀況就越發自然。聽起來，怎麼我才四十就達到了七十歲隨心所欲不逾矩的心境呢？其實，這也只是修練過程，時刻提醒自己才是重點啊！

人生不是只有成王敗寇，幽默感為你取得平衡

大多數人主動付錢購買喜劇門票，就是想感受嘴角失守的狀態，但總有些人沒有解鎖笑出來的感受，特別嚴肅、無法同理他人，對別人不太感興趣。從業以來遇到這種觀眾時，我就當作進行一場諮商活動，我自言自語療癒我自己，他

人們以為我們擁有讓人笑出來的能力，代表完全不會受傷。實際上，午夜夢迴自己拔出來的刺，不停地提醒自己的存在感與價值。笑聲，就是我們的特異功能、無限寶石。

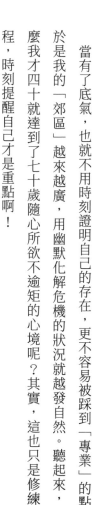

付錢感受當一名心理諮商師。

平衡是自己的事。只有自己平衡，別人身處你的周遭才會自在。無論我現在要板起面孔嚴肅以對，或是要讓氣氛輕鬆，都是出於主動且願意付出的行為。當學會「不勉強」，就離平衡更近一點。

幽默感不只是要逗別人開心，還包括讓自己開懷的能力。

我們可以在遇到鳥事的時候，無奈、氣憤，同時告訴自己這就是件荒謬的事，找到我覺得可笑的原因，產出我想嘲諷這件事的動力，這些，都是幽默感能帶給我們的好處。

身為一個女生，我內建了一種希望周遭人事物都很和諧的渴望，又超級有自尊！剛開始成為諧星時，我不願犯錯，凡事都要達到及格分數（請理解這個及格分數的低標不代表六十，而是八十！），所以我太嚴肅、太認真，也太苛求自己。我誤以為有幽默感就可以讓大家和諧，但上台時總是滿滿的偶像包袱，不想犯錯也不想看到炸彈，這些尷尬的想法造就了我的不平衡。

後來，我從一群臭男生（站立幫）上學會放鬆與擺爛。我學習對自己的標準再放鬆一點，失誤的時候阿Q一點，被欺負時不自怨自艾，也不進行自殺式攻擊，努力學習白目的態度，竟讓我找到更開闊的天空，讓自己用笑聲面對荒謬與不如意。

這時我才懂，我們可以在成功與失敗的二元論中，為自己爭取第三種屬於平衡的空間——幽默感。

你需要攬在自己身上的只有自覺，唯有自覺才能達到平衡。

輯二

女孩，
你為什麼這麼糾結？

如果你曾因為說話而感到挫折，請看看這個篇章，
這是我能給你的禮物。
如果有哪一段文字能讓你想通或是好過一點，是我的榮幸。
拜託！請愛上說話的自己。
請記得，
你所表達的，跟你沒有表達的，都在建構你自己。

我們的處女秀

女生對我來說非常有趣。

女生永遠找得到自己的缺點，然後無止境地放大。「你很漂亮耶！」「可是我太胖了。」；「你眼睛很美耶！」「我這裡缺了兩根睫毛。」；「你五官很精緻～」「我沒有山根。」

男生就不一樣囉！永遠找得到自己的優點，然後放大它。

你說他成績不好，他會說「可是我體育很好」；你指證他球技很爛，他會說「可是我很帥」；就算你說他長得醜、成績不好、體育不好、一無是處，他會回你：「我很大／我很久／我讓我女友很爽。」不管怎樣都可以稱讚自己的屌。

但問題是，誰想證明？

——以上脫口秀段子取材自好好笑女孩的第一檔秀《處女秀》。

Comedy Girls，成軍！

站立喜劇的表演形式是一個人拿著一支麥克風站在舞台上，非常個人主義與英雄思維。但有沒有可以發展個人品牌又能並肩作戰的團隊呢？

我記得想出「Comedy Girls」這個概念的時候，是在二〇一二年，當時女性參與各種喜劇演出的比例非常少，可是渴求成為女演員的人數非常多。這種不平衡的狀態，顯示女諧星是一種「不主流的選擇」。為了「Comedy Girls」這個想法，我夜不成眠，反覆地想著：誰能加入？

涵冷娜（許乃涵）是我心中的主打星。當她還是卡米地俱樂部的觀眾時，就閃耀著光芒，我記得站立幫的眾男生們進後台，頻頻討論：「那個穿一身紅，超正的女生，是誰的朋友啊？」當她成為喜劇教父張碩修所培養的第二代站立喜劇演員時，所有人無不熱切討論。我認為，這個帶點瘋狂、有觀點還很正的女演員，如果不加入「Comedy Girls」，我這團就無法成行。

帶著興奮、緊張與期待的心情，我一直等待時機向她闡述概念：「一群女生漂亮又好笑，可以扮醜卻也是讓人很嚮往的存在」。那頓晚餐，我坐在她正對面，面對眼前的便當簡餐卻食不知味，才剛提出Comedy Girls，她就說：「好啊！」不過，喜獲主將的感覺馬上被後來的一句話給澆熄：「可是，我想要酸酸也一起加入。」

酸酸，一名聰明有才華的站立喜劇演員，卻無法讓我聯想成女團成員。當時我心之嚮往是一群「漂亮」的女孩，酸酸則與這樣的想像不同；但為了保留主將，我努力不露出勉強的神情。乃涵看出我的遲疑，笑說：「她會是很好的智囊團。」

當時檯面上的喜劇女演員，不管是從事即興、漫才、站立喜劇，我都一一詢問，最後以張碩修培養出來的女孩為主成團，已違背我原先那個漂亮又搞笑的目標。

但是一群女孩就是有力量，在首場演出「處女秀」的宣傳ＤＭ下足功夫，穿著浴袍，發揮各自專長（各自露出能看的地方），在修圖軟體還不盛行的年代，身為造型師的我發揮「化腐朽為神奇」的化妝功力，拼湊繳出宣傳亮點。

看到女生的團隊力量

這是我人生第一次真實理解「團隊」的力量。

當我只是我，我就擁有無止境貶低自己的天份，無法看到自己的可能性。可是當我是團隊的一份子，我就能夠更抽身地看待「相較」之下，每個人更有特色的地方。這樣一來，標準就不會無限上綱，讓我們更能找到定位。

「愛比較」是女性天性，不管是我們心裡默默地檢討自己，或是長輩不經意的言語，都讓我們懼怕落後，所以當女生們把心力花在維持均標，就很容易變成沒有特色的女生。但喜劇非常強調個人特色，在團隊中，我們可以放心地展現特色，而不是全部都要高標，這是我成立女團意外的收穫。

《處女秀》後，全女喜劇團的形象正式開展，我們推出《有機！激派對》，把 Comedy Girls 的形象反轉成男性，無論是宣傳照或是演出情節，女孩們把心中渴望與投射的男性形象，透過各種演繹讓人捧腹，那是我們創作能量最豐沛的時期。連著推出的《超！女孩》形容了女性須具備的各種超能力；《人生魔術靈》展開與魔術師的跨界合作；《音樂好小時光》呈現女性、喜劇與音樂的豐富結合；《徵婚起笑》則完成了大型商業案合作。

在當時，我笑稱自己是媽媽桑，負責統籌與製作；涵冷娜是本科系畢業生，不只是紅牌，還得擔任表演指導與搭配服裝；酸酸負責文案與劇本；玉珊負責行政；另外還有負責執行的阿花與ㄆㄆ。六位表演者，身兼表演者與一個劇團所該負責的所有雜事。在開演前，還可以看到每個人穿梭於各處，訂便當、燙衣服、擺置道具、拿收據、與現場館方人員社交，那是一個辛苦卻也很有成就的時期。

於是，我愛上了我的這個概念——「Comedy Girls．好好笑女孩」。

母愛爆棚，我就是喜劇媽媽桑！

因為有她們，我才真正散發出光芒，也才懵懵懂懂地感受自己，原來是一個喜歡表演，但沒有享受當一名主角的人。我不夠抗壓，無法承受風頭浪尖上的壓力，也不渴望當一個「最優秀」的MVP。

那是我最璀璨的三十出頭，可以為事業衝刺，也有足夠的社會經驗，沒有家庭的負擔，享受戀愛與被仰慕的時期。我不願接受自己會跟「母性」這個詞彙

擁抱與生俱來的特色與特質，看見自己的光芒，知道可以為誰奮鬥，為什麼理想目標而努力是很棒的，盡情發揮你的超能力吧！

有所瓜葛，也不想聽到別人形容我「溫柔」、「慈愛」這些一點都不「性感」的詞彙。

直到孩子出生後，我才覺察到「像女明星一樣耀眼」是我的嚮往，但「母性光輝」是我的天生性格。終於，「母愛爆棚」不是貶抑詞，是我可以擁抱的個人特色。

我知道我還是有謀略、擔當、領導魅力，但我不愛好攻城略地、享受戰績，我想要的是守護領土與鞏固家園。所以，我需要能夠發揮母性的地方，我需要好好笑女孩劇團的存在，讓我知道可以為誰奮鬥，為什麼理想目標而努力——而這些特質，不應該有羞恥感。

還記得某一次站立幫演出，當時還是剛出社會的大男孩「馬克吐司」，形容我看隊友的眼神很「媽媽」時，我駁斥他，而這種被形容成一個「母親」而引發我負面情緒的經驗層出不窮——原來，是我把「媽媽」看低了，是我自己的價值偏差，也是我來自原生家庭的性別不認同觀念，才讓我無法接受這個充滿愛的個人特色，寧願選擇擦邊球的人設，如「老派」、「雞婆」、「熱情三八」等詞彙。

後來的初代女孩們，因為各種原因離團，不管是發展個人品牌或者從事其他行業，我都很祝福。很感謝她們花費了二、三年的時間，讓我確定了這一生願意奉獻的目標。若沒有她們打造的基石，我就沒有足夠的勇氣前進。

接下來，換我當一株大樹，孕育與守護其他女孩成長，在能夠展翅翱翔前，每個女生都需要有人看見自己的光芒，讓自己不至於被苛刻與高標給埋沒。

告別少女時代

很奇怪，還是少女的時候，你會聽到很多男生聚在一起，講一些關鍵字，大啊～粗啊～硬啊～就笑得很開心。不要怪他們，因為當時的他們沒什麼好驕傲的，除了源源不絕的性能力。但是，時間是公平的！三十年之後，真的擁有源源不絕性能力的人，是我們，WOMEN。

現在的大學生，十幾歲的女生看起來像是二十一、二十二歲，

而現在三十歲的女生看起來像是大學生，

是怎麼了？大家都Foever 21？

男生都覺得少女應該是純真、善良、完美，皮膚很好，眼睛很大，很無辜。

但我的少女時期發育得超好的，比現在胖十公斤、滿臉痘痘、戴眼鏡、齒列

不正……我印象中，所有人青春期的照片都慘不忍睹。

我罵最多髒話的時候就是我的少女時期。

我不懂，為什麼媒體把少女美化成這樣？

不要再少女崇拜了，我們的媒體讓我們變成變態的大叔！

我們應該要喜歡當個女人，我們應該要崇拜有發育完整的胸部、腰、屁股！

想想看，我們，身經百戰的女人會體諒你（指著現場的男人）的辛苦，就算在床上了，還會跟你說：「沒關係，工作很累喔？」

——以上脫口秀段子取材自我的第一檔個人秀《告別少女時代》。

向少女時代的從眾心理說再見

三十幾歲的我，偶像是當時的大勢女團「少女時代」。私底下喜歡聽她們的歌、搜尋她們的資訊，卻在段子裡數落她們的形象導致男性品味單一，我想，這就是脫口秀演員的相愛相殺吧！每一個人的注意力有限，特別關注的話題就代表他的執念，不是嗎？

那時的我，面對自己獨自開秀，就好像歌手從團員變成獨唱歌手一樣，感覺無依無靠；也很像從高中到大學階段，轉變為自己選課的獨來獨往——或者說，「不能找朋友一起上廁所」的寂寞惆悵。

舞台上，只剩自己了。

那麼，自己最想討論什麼話題呢？「創作」，就是思想透過感覺，組織出作品。思想上，我有這麼多話想說嗎？我不確定；感覺上，我還想要黏著別人，我還想躲在團體的背後；作品上，我還不敢面對責任，我還不確定，自己的品味值得觀眾追隨嗎？

那……我的創作主題，就來討論依賴吧！

或者應該說，是從眾的心理，「只要喜歡大家喜歡的，就很有安全感」的一種狀態。

我想起，國小時班上總有個男生，大多數女生都喜歡他，成績好、性格開朗，運動也在行，只要他稍微對某個女生做什麼小事，或許只是幫忙傳紙條，都會引發全部女生的妒意或是喧鬧。當時的我很嚮往成為風雲人物，錯把羨慕當成了迷戀，跟著別人的腳步說：「我喜歡他。」……這樣的我，也因為他而有過引人注目的驚心時刻。

那是一場躲避球比賽，毫不起眼的我站在角落，沒人記得要將我移出中心。一顆球擊中他，球高高飛起，就當所有人驚呼「主將要被踢下場了」，球卻掉到

我們對於異性有廣闊的想像與分析，要論述「有一點壞」跟「普通壞」之間的差別，就跟一分糖跟正常甜之間有多少匙一樣需要釐清。但當我們看待身為女性的自己，卻渴望成為同一種主流審美？

我的手中——這是我記憶中，第一次最接近偶像劇情節的片段。隊員們像是劃破紅海一般地為我和他分出道路，他的背後是刺眼的陽光，而他的笑容燦爛到絲毫不受背光影響，那聲「謝謝」之後，我收到全班女生銳利的眼神。

從此之後，我不再是不愛運動的邊緣角落人物，我狂練躲避球，變成主將。

但是，那不是我的「動心時刻」，我記得當時放學回家的路上，有一名資優生男孩，瘦弱不起眼卻很有趣，我們常嬉鬧談笑，彼此陪伴；現在想想，那才是「好感」。而那場躲避球，只是我愛上被注視的閃耀感，至於畢業紀念冊上愛心之中主將的名字，也只是我對於「人緣好」的投射，因為那是每個人都會寫下的名字。

我第一次理解，原來「喜歡」其實可以很私人。

青春期女孩的形象缺乏多樣化

國中時期，我從原本渺小自卑的人物，轉變成開朗、人緣好的「小胖」。

那是一個充斥港星的年代，在所有人瘋迷劉德華、郭富城時，我喜歡的是一個不主流的明星——張耀揚。當時每個話題都在談論偶像，炫耀小卡或貼紙，而我不僅難以向他人啟齒，還幾乎找不到周邊商品。唯一能確認曾有過的偶像崇拜時刻，是在多年後的現在，搜尋沉浸在各種劇照之中，那抹難以抹滅的笑容。

在情竇初開的時期，女生就會互相爭論男性類型的不同。我們會分辨四大天王的特別之處、有各自擁護的日、韓偶像，就算是閨密，也可以輕鬆研究出互不撞「菜」的類型。我們對於異性有廣闊的想像與分析，要論述「有一點壞」跟「普通壞」之間的差別，就跟一分糖跟正常甜之間有多少匙一樣需要釐清。

但當我們看待身為女性的自己，卻渴望成為同一種主流審美，不管是膚色、五官、胸腰臀曲線或是性格才華……那主流的價值觀不停提醒我們的不足之處，也不停提醒少男們：「大家都喜歡這樣的女生。」

當市場上只看得到特斯拉電動車，誰還會去考手排駕照？

以「標籤」來說，男性的種類非常豐富，但女性能被識別的項目卻很稀少。在那個青春時期，我們還懵懂未知、閱歷經驗尚未足夠，「偶像」就是讓自己投射「欣賞他人的感覺」；而女性形象不夠多也不夠立體，看待自己時，學習「漂亮」似乎是最簡便的選擇。

想像一下，如果你是洗髮精產品製造商，大型販賣商場展示的洗髮精款式有一長排，是不是讓人很有動力生產屬於自己概念的品牌？但若只有兩個方向，「好看」或者「平凡」，才開始創業、正有雄心壯志的你，會願意做哪一種？這就是青春期總是焦慮自己不夠好、不夠美的女性，把自己當作「被挑選的產品」時所處的情境。

這是少女時期的焦慮，內心想要做獨特的那個，但我沒有勇氣在洗髮精走道上開出一條新的欄位。而我的男性好友們也有類似的煩惱，他們看不到多樣性，以為女生要不就是可愛，要不就是很辣，就兩種。

所以，當我們問男性喜歡哪種類型的女生，他們的回答總是膚淺到讓女性翻盡白眼。有些人可能只從情色頻道學會關於女性的種類，有些人會稍微從性格面回覆好一點的答案：善良——但，誰不要善良？

我有非常好的朋友會鉅細靡遺地分享他喜歡的非主流路線：聰明、吃貨、喜歡運動……等，卻不敢在眾人面前談論。理由是「討論女生種類很不禮貌」；討論女生很不像男生應該關注的話題；當一群男生聚在一起只是想說幹話時，怕麻煩就必須從眾一點。

從尋求認同的階段，領悟出自己的喜好，我想這就是長大的感覺。

有過幻想，走進現實，謝謝我的少女時代

《告別少女時代》這一檔個人秀，滿滿六十分鐘的自問自答，那是我面對自己

的開始。

為了創作，我翻遍少女時期所寫下的日記，內容絕大部分是歪七扭八的文字、憤世嫉俗的思想，還有我所幻想的粉紅泡泡。

日記中常出現的四位人物都只有單名，因為少女只喜歡喊一個字代表親密，這四位分別代表我喜歡的某種特質。「俊」顧名思義就是帥；「瑞」是睿智的說法，這是我對於高智商的幻想，畢竟沒有太努力就能得到好成績實在太讓人崇拜；「峰」像個小男孩一樣陪我玩；「徵」像個大哥哥一樣照顧我。為何不能幻想一個人物就好，還要分門別類成四個人物？我想，這就是少女心思細膩沒事做的示範，也證明了女生在大賣場光選擇洗髮精就會花掉一整天。

第一次在觀眾面前分享這四位幻想人物時，相信我一定臉很紅，那種把自己的私密愚蠢日記公諸於世的經驗，感覺十分羞恥。還記得秀結束、跟親友合照時，有位老友說：「我記得俊瑞峰徵。」當下真的恨不得銷毀這段回憶。

現在，三十多歲的我，面對「回春」這樣的廣告詞開始有抵抗力，也會拒絕一些不合時宜的穿著打扮，更欣賞不同的美以及思想所帶來的珍寶——那都是因為我有過幻想，走進現實，才得來的成熟。

關於青春，好好放下，好好告別。

謝謝我的少女時代。

美麗笨女人

當女生真的很辛苦，我們都很想當美女。

美女的頭髮散在這邊就是讓你感覺很神祕很撩人；我的頭髮黏在這邊就是讓我感覺很黏膩很惱人。

美女可以做任何事、穿任何衣服。

她可以穿上他媽的有夠緊的洋裝，像我們這些「自然人」，穿緊身洋裝，舉手的時候，洋裝，會縮到這邊（胸部）。但是美女，她不舉手的，她只要：「ㄜ……」所有人都獻殷勤：「你說你說。」

我以前當化妝師時，有一次私下跟劇組人員和隋棠吃飯。冬天很冷，隋棠坐著，看到她穿長袖襯衫，目測桌底下是長褲，我覺得很放鬆，至少不用看著她纖細的身材吃飯。結果她很開心地站起來打招呼：「嗨！小胖。」這才看到她穿中空裝，這是讓人還要不要吃飯？

中空裝，是對現場有胃脹氣的女性不尊重的穿著。

很奇怪，通常跟很漂亮的女生在一起時，每一個人都會不由自主地服務她。而她只要幫你做一件小小小小的事時，大家會覺得她人超好！

隋棠幫你拿衛生紙，「謝謝～～～～你人好好」；吃飯時，人數太多要移動桌子，我扛桌子——沒有人覺得我人很好。

所以我們真的很想當美女，但女生為了美麗，到底要做多少事情？我們要不停地擦乳液，洗完澡要擦乳液，出門要擦乳液，拔完毛要擦乳液；乳液還有分哦～防曬乳液、卸妝乳液、保濕乳液、美白乳液、護手乳液、護腳乳液、腳踝用乳液、奶頭專用乳液、外陰專用乳液……

為什麼外陰需要乳液？

因為女生追求氣色，全身上下都要粉．紅．色！我們每個女生的人生目標，就是想要把自己變成「佩佩豬」。

我們還要漂眉、開眼頭、打皮秒、矯正牙齒、牙齒美白、墊下巴、打肉毒，打在哪裡呢？法令紋、木偶紋、魚尾紋、抬頭紋、淚溝紋，最好通通消失。我們每個女生的人生目標，就是要讓自己成為史豔文！（緊繃的臉）

「什麼樣的女生最難做造型？」

「不相信自己漂亮的女生。」

我之前是彩妝造型師，我的工作就是找到每個人美在哪裡。

簡單來說：隱惡揚善。

但是每個人的需求都一樣，就是眼睛大到太陽穴，睫毛的毛比眉毛的毛還要長，修臉修到只剩下嘴巴。哦對了！我當新娘秘書，發現各種禮服的唯一目標都是奶大，於是我還學會喬胸部，江湖人稱喬奶小霸王，要多大就多大，擠到鎖骨都可以。讓你嘗試一下被胸部噎死的感覺！

——以上為脫口秀段子，取材自我的第二檔個人秀《美麗笨女人》。

愛美，讓你內心失去平衡嗎？

女人為了變漂亮花費了許多時間、精神與費用，如果愛美可以換算成動能，全世界上的核電廠應該都可以關了。

因為愛比較的天性，我們常常處於自卑的情緒，畢竟怎麼樣都不夠正。即便漂亮到鶴立雞群了，那也代表檢視焦點就集中在你身上，壓力更隨之而來——「一定還有不夠好的地方會被發現」！於是，我們不停地找尋自己不好的地方，折磨自己。

漂亮也自卑，不漂亮也自卑。

想一想，如果你擁有愛比較的性格，那麼外型當然是第一個會被比較的標準，這就是我們內心一直不平衡的原因。因為有自信展現魅力與自在的女生，其實都先減少了對外型的比較心態，才有餘裕能夠追尋成就、理念或是靈性的自由。

這不代表不愛美哦！這只代表她們後天學習到，把其他對於人生的追求看得比較重要。

別因追求肯定而失去自己

《美麗笨女人》這一檔秀都在說為了愛美所做的傻事，當時還在顏值巔峰的我，吸引很多男性粉絲前來觀賞，而他們沒有共鳴感的神情，一直讓我回味無窮。

還記得我形容那些在健身房展示身材的「健人」，也形容各種減肥的離奇方法，例如看書減肥法——「我以為看書會瘦」，當時說到這裡，就已經讓理解的觀眾放聲大笑了。畢竟看完書就以為學會某一種技術，或是買到書的那一刻就覺得很充實的感覺，讓很多人有共鳴。這檔秀還安排一個特別的互動，直接找觀眾來示範彩妝，結合脫口秀形式的教學，讓女同學們興致盎然。

其實，我的目標觀眾群在三十歲以上，很多人已經過了在乎美的這一關。最有感覺的是二十到三十歲之間的女生，在演出中可以看到二、三個女生笑到前俯後仰，或點頭或泛淚。同一場的另一群男生，從頭到尾都很木然、傻眼，表情透露出質疑或不屑：「女生，有需要這麼愛漂亮嗎？」

如果脫口秀的議題必須是大眾關心或討論的，那麼不會有人以「美麗笨女人」為主題。我們會討論政治、會諷刺時事，可是不會討論脆弱，也不想面對笨。

但每個女生都會經歷那一個階段：我不夠漂亮，所以我得不到關注；我不夠漂亮，所以我得不到愛；我不夠漂亮，所以我無法成功；正妹的人生一定比較順遂，正妹要什麼有什麼，正妹不缺乏愛。

如果有個女生從來就沒有這些負面的想法，一直帶著甜笑說：「外表不過就是身外之物。」那，她會被討厭。

身為一個女性，從小就常聽到「穿裙子好漂亮哦！」、「綁辮子好美哦！」、「好像一個公主！」。我們很難完全不在意外型。但其實……為了維持美麗，真的真的真的很・麻・煩！而且一直花時間、精力、金錢維持美麗，男性也會覺得，你！很！麻！煩！

於是我創作了這一個段子，為了跟過去的自己告解，也想跟正在糾結的你說：

我覺得追求美麗是女生的天性，
但那段只有追求美麗才會肯定自己的歲月，實在太可惜了。

漂亮，在不同圈子是不對等的

還記得初出社會的我，做了六年的造型相關工作，從偶像劇造型師、駐店化妝師、新娘祕書等，完成不少作品。最得意的部分是接觸素人的經驗非常多，那些關於大小眼、不對稱、問題皮膚的種種狀況，都不是只有服務明星的彩妝師能體會的。

而服務藝人的工作經驗，則導致我剛入表演圈時，呈現出極大的自卑感——所謂的巴掌臉，就是很讓人想掌摑的大小；對比藝人的腿就是自己的手臂；更別說藝人的腰線跟你的肩線平行時，很容易讓人自我感覺不良好。

抱著這樣自卑感，我在舞台上自嘲是醜女，卻反而讓現場觀眾感覺矯情與疏離。畢竟當年我身在幾乎沒有女性的諧星圈，明明就是萬綠叢中一點紅，要說自己是諧星選美冠軍都是合情合理的諷刺，硬要說自己醜的笑話，是沒有任何共鳴的。

後來的我才知道，身處在娛樂圈或是喜劇圈，「漂亮」是一種不對等的量級。

理解美麗不等於快樂，更有魅力！

漂亮真的很方便，有太多優勢與關注，雖然容易引人忌妒，但那並不阻礙人們嚮往成為一個美人。畢竟大多數人覺得被忌妒的痛苦，感覺上只是內心不夠強大，可以被後天鍛鍊——我們實在無法想像美女的憂慮。

我曾經遇過一個天生漂亮也喜歡打扮的女生，卻很不適應時時被關注，被莫名地喜歡。她搞不懂別人接近自己是出於真心還是單純被外貌吸引，而她對人的不信任以及言談中的憂鬱，讓她更楚楚可憐了！讓我驚覺，這真是美女才有的煩惱啊！

但是，漂亮可以有科技來幫忙，內心的富足只能靠自己。所以，用點幽默感來笑笑只剩下愛美的自己，不失為一種成長。

現在的我很自在，有時素顏邋遢平凡白痴智障，有時美豔知性氣場十足。在我停止追求「美麗＝快樂」的那一刻開始，我獲得了自由，而奇妙的是，我也越發地散發自在的魅力。

一個人秀

還記得在二〇一五年以前，都是團體出擊，二〇一六年之後，每個團員都有各自的人生計畫，好比演戲、壯遊、回歸家庭……等，只有我的計畫是三檔個人秀；也只有我，有完成人生計畫。

我記得第一次有個人秀這樣的想法時，我正在打掃。當時心裡很擔心好好笑女孩的存亡，然後就想到「個人秀」或許是一種解套方法。這個念頭使得我心臟狂跳、腎上腺素狂飆：「我有辦法讓觀眾聽我講話長達六十分鐘嗎？」懼怕與興奮同時淹沒了我，下一個畫面我就拿起掃把大喊：「小巨蛋～你們好！」再下一個畫面是在水槽旁，我對著碗盤說：「這位觀眾，你很水哦。」那些碗盤，是我首次互動的觀眾。

我第一次講個人秀的時候，全身都是汗，每一次眨眼，汗都在睫毛上。胸罩濕、內褲濕，唯一沒濕的是我的嘴巴，超渴。第二檔個人秀，我已經不會盜汗。我開始品嘗這種自在，因為沒人知道我會講到哪、講什麼，沒有人會發現我少講了一大段。

而且觀眾來就是想聽我講話的，這其實是相對舒服的狀態。

/

你們知道什麼是真正的一個人秀嗎？可以嘗試一下婚禮主持。門票超貴，人超級多，但是有在聽主持人講話的只有主桌，主桌又圓又大又尷尬。而什麼時候全場觀眾會聽你說話呢？就在主持人說：「一定要幸福哦～3、2、1～一起來！」，這種時刻賓客們會直覺地跟上，除此之外，你都像是個優雅的幼兒園老師。

/

「請問一下今天現場的觀眾，是一個人來看黃小胖秀的請幫我舉一下手？

謝謝你們做出這個決定。」一個人真的很棒，吃飯不用等人決定，看秀不用找人喬時間，除了一點點不好，就是沒有人會關心你今天大便了沒？

廁所裡的垃圾話，只有情侶或是家人間才能分享。所以，這位觀眾，謝謝你勇敢地一個人來看我的秀，我想表達我的關心，你今天大便了沒？

/

經過這一年三檔個人秀我才發現，原本我怕的那些事，根本不需要怕。應該要怕的是跟我對戲的那些演員，或是坐在底下的觀眾。我也才發現，人生聚散總是無常，分合不用太牽掛，總是會有些人，甩也甩不掉，從頭到尾我都不是一個人作秀，從頭到尾都有阿花。有她在，為什麼我還是感覺只有我一個人啊～

/

最可怕的人是自己，因為當你要開始一個人的旅程，你才會發現，最難搞的是自己。

——以上為脫口秀段子，取材自我的第三檔個人秀《一個人秀》。

自己一個人，做得到嗎？

以脫口秀為職業常遇到一些與眾不同的困擾，好比當大家已經預期表演者要很好笑時，要怎麼滿足期待？像我自己最害怕參與健談或是演講型社團時，主持人帶有康輔性質地慷慨激昂介紹：「讓我們掌聲歡迎全台灣最好笑的脫口秀女演員——黃小胖。」我在心中都默默地吐槽：「**感謝主持人的介紹，讓我們一起理解了全台灣最可怕的介紹出場方式。**」

好笑，要怎麼更好笑？

曾經有一位朋友想介紹朋友進入「好好笑女孩」，當時她說：「我這個朋友超～好笑，她說，有一天有一位老太太走在路上，被撞到胸部，護士小姐問要看哪一科，老太太說當然兩顆都要一起看——是不是超好笑？」我就回她：「剛好前幾天我阿嬤撞到胸部，護士小姐說等等先看一邊，休息一下再看另一邊，你知道為什麼嗎？因為『一粒一休』。」這位朋友笑完了之後說：你真的蠻好笑的。

這個故事引起我的思考，為什麼我只是「蠻」好笑，而對方轉述的那位朋友是「超」好笑？

因為我的工作，讓人覺得好笑是應該的；而那位朋友是一名素人，所以她若能引發笑點，就令人喜出望外。我相信，當那位被推薦的朋友踏入這一行後，就會開始感受到期待落差的苦澀。

笑，本身需要帶領觀眾前往一個預期的狀態，然後破解這份期待。

「我要講一個笑話」，就是笑話中挺難處理的起手式。諧星都會避免用這樣的話當開場白，極力阻止場面進入「非常期待」的氛圍。觀眾一旦進入這種期待表演者好笑的思路裡，就會一直想「笑點呢？」、「你有多好笑？」、「展示一下啊！」，即便笑點產生並且成功讓他笑出來，他也會在笑出來之後補上這樣的思維：「還可以，『蠻』好笑的。」

而個人秀相較於團體秀，除了考驗觀眾坐著聆聽單一表演者的思路，也考驗表演者所能呈現的創作豐富度。

「一個人，會有那麼多話要說嗎？」

一個人表演，只要開始自問自答的旅程；麻煩的是，找到聆聽的那群人。

二〇一六年，一年三檔個人秀，讓我開始相信「靠自己」，是有可能的。

這是一個既脆弱又堅強的心路歷程，感謝我有勇氣踏上相信自己的這條路。之後的每一個里程碑，無論好壞，都有一種乾脆、純淨的感覺，光是「我的作品」，就值得驕傲。

從一個人住，到一個人秀

翻找回憶的過程中，我覺得「一個人住」跟「一個人秀」是一種很類似的體驗。

女生自己住，而且住得舒服，可以完全掌握自己的喜好、選擇生活形式，不用跟任何人妥協，這種感覺也很像跟自己旅行，規畫行程只需要詢問自己的意見。不過，旅行畢竟是短暫且偏向美好的選擇，居住則代表的是更生活化地面對自己，居住地段、景物、空間規畫、大家具、小物品……等各式選擇都在問，你是一個怎樣的人？

即便選擇一個鬧鐘，你都應該知道，這個每天喚醒自己的東西，在某種程度上提示你，夢想應該就是成為自己。

我能夠成為自己，很大部分歸功於擁有自己旅行的經驗，也享受獨自住得很爽的時光。

剛出社會，搬離家的原因是跟男友同居，那時經濟條件無法完全依賴自己。後來，經歷分手同時需要找房的困境，似乎是每個人正視「長大」的課題。

當時我找房子找到精疲力竭，機車停在路邊，看到一個大廈，想說問問看管理員好了，剛好房東在旁，尚未將房子登上租屋市場，於是直接帶看房。那種巧合，真覺得老天爺是開了一扇窗給我透透氣了嗎？那個房子嚴格來說不算有窗戶，打開窗看到的是天井；全面覆蓋樓中樓，身高一百八就得低頭，只有一小階爬梯可以上二樓空間……那成為我第一個自己打造的家。

明明有著令人窒息的壓迫感，我卻帶著興奮無比的心住進去，沒有預算，到處搜刮家具，把全牆面漆成黃色就讓我覺得「太好玩了」！樓下是彩妝造型工作室，樓上是睡眠與私人用品區，我第一次「享受」擁有自己的空間。

後來，那個房間垮了。

某一天回家，樓中樓的夾層掉落下來，滿屋燈具碎片，壓著我的生財器具。我慶幸當時不在家，也沒有客人，只有財物損失。嚇壞的我不知道怎麼跟房東爭取權益，好閨密充滿男友力協商談判，讓我度過有驚無險的體驗。

能夠自己作主，也才知道哪裡可以妥協

之後，我找到一個更接近理想的樓中樓。我終於瞭解自己喜歡窗戶，觀察別人晾衣服，風吹拂著衣服的尾擺，植栽隨著四季更迭。放空時，我將視線放遠，讓思緒流轉，遠比看電視更讓人放鬆。

那是在河岸邊的大樓，頂樓可以望向中正區與河濱公園，室內一大面落地窗滿足了視野，空間配置更是恰如其分；終於，我也不再追求全室黃色牆面。

當擁有過喜歡的居住環境後，我滿足了從小到大關於自己的理想形象：獨立、自主、小資女，關於家的大小事都是自己作主的爽感，讓我成家後更知道自己願意妥協的層面。而能夠喜歡自己所做的決定，也就更願意相信自己的能力，包含開公司。那就是後面的故事了。

有沒有哪一個瞬間，讓你直接面對「只能依賴自己了」？我知道很可怕，可是試圖挖掘一下被恐懼壓抑的雀躍聲音吧：「不用詢問伴侶或是家人的意見了，齁嘿！」

當被各種處境壓迫到只剩下自己時，你才會破繭，也才能長出翅膀。

女人憋鬧了

嗨，大家好！（跟觀眾們花枝招展地打招呼）

我是一個內向的人，這不是笑點。

我知道，大家常常會覺得是脫口秀演員耶！應該很活潑啊！應該很愛現呀！

（無奈）不要霸凌愛現的人。

要怎麼霸凌愛現的人？拱他上台。

小時候，當老師問，這一題誰會？全班都不會，全班包括我，於是全班一起看向臉皮最厚的人：我。

在台灣，活潑外向或是敢上台講話或是當老師的人，會被認為什麼都懂。

有學生問我：「我講話他都會笑，那他會不會喜歡我呀？」

於是我會跟他說：「我是教幽默感的老師，不是教第六感的老師。」

/

我真的覺得，看起來越活潑的人，越容易看起來很笨。

常常在什麼都不知道的狀況下，被推上台（接時事哏，模仿名人）。

/

台灣人很會起鬨。好比當主持人問說：「哩供丟不丟～」（你說對不對～）

大家都會回「丟～」（對～）。

只要是台灣人，就無法回答「母丟～」（不對～）；

就算你要說「母丟」，全場聽起來也是「丟～」（台語的「不」，聽不到聲音）。

/

像我這樣一個壓抑又看不出來的內向，完全台灣教育長大的孩子，怎麼會來講「美式」脫口秀呢？

台灣的教育是這樣的，長輩教我們：「不懂就安靜不要亂講話。」對於「會講話」的定義是：會講好聽的話，而不是會講有觀點的話。於是文化造就我們會用各種方式找到好聽的說法。好比，去到一家麵店，不好吃不會直說，而是會說：「口感很特別。」看到朋友的小孩長得不可愛也不會直說，會說：「長得很像爸爸。」

/

為什麼我會想做這一檔《女人憋鬧了》？是因為我常常看到女生很不好意思「講話」，把話說出口這件事很困難。當然，男生也很多人很憋，但我覺得主題叫做「男人女人憋鬧了」就真的很鬧。

我是女生，我講的是很女生的脫口秀，我覺得很好，而且我的事業是鼓勵不同的女生講脫口秀。

但是常常會發生一件事，就是當我說這檔主題叫做《女人憋鬧了》，大家會問說，那男人呢？問題是……我不是男的！

大家會問男人也很憋呀？你怎麼不講男人！

因為……我是女的啊……

之前，我在一個全部是男生的脫口秀團體裡，有一檔主題叫做《男子漢來吧》，就沒有人問他們：「那女漢子去哪呢？」

其實男性的優越感，男性的想法，到處都在。很多時候，我們常常會覺得男生的觀點，代表全人類的觀點。

好比，電影《人在囧途》，片名認為全人類不管男生女生，遇到怎麼樣都沒有辦法回家的時候會很囧。

事實上，女生版的《人在囧途》，是女生沒有辦法回家又剛好月經來沒帶錢沒帶生理用品還穿白褲子的時候。

我常常看到很多女生，很多話憋在心裡，很多苦說不出口。

到頭來其實也就只有一句話，但那一句話會一直一直盤旋在腦海中。

當別人問說：「你怎麼了？」我們沒辦法講，但腦海中會出現那一句話。

當那句話一浮現，就要用全身的力氣去抵抗：「我沒事啊。」然後眼淚滴滴滴，誰會覺得你沒事呢？

然後有些人就不好意思地「借過」了這個話題。

有些人就很白目地繼續問：「到底怎麼了？」

這時候，心裡會有一小小點的聲音說，Thank you，謝謝你的白目

但是嘴裡會是：「煩捏，就……沒事呀！」

心臟敲打的聲音越來越大聲：說出來，說出來，說出來！

然後開始用全身的力氣壓抑，嘴巴牙齒緊閉，眼睛已經無法對焦在對方的身上（眼睛猛眨）。這個時候只要一根小小的針，刺一下，就會爆炸——

「是不是某某的事情……」

對！我們就在等你猜到！

我有遇過一個朋友，他那個時候說（吊兒啷噹）：「沒事就好，有事要說哦！」（離開）

那時候我真的很想拿炸彈把他跟我一起炸碎。

——以上為脫口秀段子，取材自我的第四檔個人秀《女人憋鬧了》。

為了成為社會群體，我們隱藏自己

這一檔秀在講述的是女生的「傲嬌」。

什麼是傲嬌？

一種想要又不敢要，希望別人猜到的心情；一種渴求別人重視，卻又假裝不在意的矛盾。

為什麼女生會傲嬌？因為我們被教育，不要太主動，不要太愛現，凡事要懂得用暗示的方式讓別人理解。大眾喜歡看女人話裡藏刀，社會鼓勵女性矜持、欲拒還迎，長輩認為女人味的重點，在於優雅、溫柔……等軟綿綿、沒有過度起伏的情緒。

直接、主動不是女生該有的表現。如果我們大聲說話就是恰北北，年紀長一點就會被形容潑婦罵街；如果我們表現出爭取的欲望，就會被說強勢、愛計較——為了成為社會中「有層次」的女人，我們學著「藏」。

習慣把心聲藏起來之後，我們面對真正渴望的東西時，態度扭捏。

於是希望男友成為我肚裡的蛔蟲，聽到我所有的心聲，幫我做出我想要的決定，這一切必須看起來不是我去求來的，而是我應允的。當別人猜到我想要什麼、替我執行，我就要謙虛、感動並含蓄地說：「謝謝，其實你沒有做這些也沒關係的。」但其實心裡爽得要命。

於是，男性被教導要會猜女生的心，男生要主動，女生說「不要」很可能是「要」，你要用猜的，如果猜不中，就什麼都做，總會猜對，然後得到她的心——

哦對了，不用管女生的說法，因為連女生自己也搞不定自己的想法。

如果上述不是社會常態，我相信男女會更和平地相處。

無論男女，只要不被允許「主動」與「追求」，我們就在長期的壓抑下，成為一個很憋的人，失去重要的機會，遺失主動出擊的勇氣，而且無法承受挫敗。

只要不說出口就沒有人知道，那失去也不會有人發現。若我守護了面子與尊嚴，屏除面對被嘲笑的可能，我就還是我……嗎？

好多人都期待，有一天自己走在路上能被夢想擊中，好比被經紀人挖掘出道，好比中樂透，幻想著被三顧茅廬——若是懷才不遇，我們只願孤芳自賞，這不就是「憋」嗎？

當自尊變得無比重要時，會不會失去自我？因為我很需要別人尊重自己，所以自己率先提出要求的話，就有一種低下的層次。同樣的狀況自己提出來就是求、是拜託，但若是別人提出來，就是我幫忙對方完成。

你，熟悉這種傲嬌嗎？

愛現、不禮讓，是可以被鼓勵的

帶領女團的過程，我被各種需要猜心的狀態弄得精神耗弱。由於擅長傾聽與觀察，很容易被期待為「你一定能懂我」的人物。曾經我也自豪於像是心靈姐姐般的角色，我與每個人之間擁有強大的連結，正是我的價值啊！

後來發現，當每個連結都是單向，就好像繩索從不同方向綁住我，我想藉由自己的力量拉著大家往上衝，但這不叫做團結，而是拉扯。於是，火車頭一旦低速運作，就伴隨各種埋怨。

團，變成是一團混亂牽扯不清；結，變成是心有千結想分開。

而我需要的「團結」，是一起往上衝的欲望。在我緩速前進時，我想著的是：

嘿！踩著我的頭往前吧！當你們足夠強大時，別忘了「回頭」幫助還懵懂未知

的下一代，這才是進步。

大概就是有這個領悟後，我不再以身為火車頭為傲。我開始鼓勵愛現，鼓勵不要禮讓的風氣，鼓勵每個人釐清自己的欲望，面對自己。

不過，當「主動」與「積極」變成一種常態後，很容易會變成功利主義者。此時得相信自己，在她們長大的過程中不斷提醒「女性與母性」的意義——記得扶老攜幼啊～

陪伴孩子一起做蠢事，面對害羞、丟臉的正常反應

可不可以不要讓？
可不可以鼓勵愛現？

我的小孩用自己的成長，實現了我的「表達教育」。

一歲多時的她，還不會說話，就喜歡看著公園跳舞的人們，會站在背後跟著節

奏律動；兩歲多的她，已經會衝到廣場的舞台上，在老師前面、眾人仰望的地方舞動身體。孩子不怕丟臉，可是大部分的大人愛面子、珍惜自己的形象，通常會把孩子拉下台；開明一點的父母會鼓勵孩子表現，自己則在舞台下拍照以示支持。

而我呢？在各種場合遇到大人們稱讚她「好大方、不怕生」的背後，其實是每一次她做出展現自己的舉動時，選擇站在她身旁，陪她一起。

遠方的鼓勵，即便再大聲都令人孤單；並肩做蠢事，再小聲都能聽到陪伴。

丟臉嗎？我不怕。

愛現的人一定很容易被看到犯錯，但是誰能無錯？為了面子，會失去的東西太多。我希望孩子能學會面對害羞、丟臉的所有正常反應，我希望給予孩子一笑置之、繼續前進的勇氣，我希望她能因為這樣的性格，主動追求自己所愛的人、事、物。

如果此刻的丟臉，能換來她未來對於展現自己的自在，那麼尊嚴算什麼問題？

老闆娘不娘

哈囉〜〜大家晚安（衝下台）耶！你好你好，老闆你好，我是黃小胖！

（老闆式握手）老朋友〜

請問有新朋友嗎？（牽一位新朋友上台）

一定好好地跟新朋友自我介紹一下，我是黃小胖，你現在看的這個表演的老闆。

沒有給名片是不是很沒有禮貌？（從乳溝拿出名片）

對了，名片不是重點，重點是名片盒。

這個（指胸部）是我特製的名片盒，特別軟、防震、抗壓，有保護力，而且這個名片盒會持續發出一股淡淡的香味，奶香味，我還在哺乳。

（把名片抵到對方鼻子）你可以聞一下。

嚇到了嗎？歹勢，這個名片拿回去可以裱框。
十年後會很有價值，因為那個時候已經下垂了，很難玩這種哏。

／

脫口秀就是直銷。
本公司需要非常非常非常多的下線。
我覺得這個時代太講求數位、行銷、科技了，大家都在賣弄一些公關操作模式。
跟大家分享，脫口秀就是離經叛道，就是叛逆。
我們就偏偏不搞大數據，不下廣告、不下關鍵字，我們就要做這個科技時代的傳統產業。
我們完全依賴口碑行銷，一個拉一個（嘆氣，擦眼淚），我們根本就是直銷——直．接．銷．售。

今天有帶朋友來的人請幫我舉一下手，我們分級制度很清楚。自己來，就是主任；帶一到三位朋友來，紅寶石；有帶超過四位的，就是藍鑽；如果有人帶超過十位朋友，就是寰宇領袖～～現場有寰宇領袖嗎？

我們曾經有過寰宇領袖，我就請他直接上來講脫口秀。

脫口秀跟一般直銷的差別是，直銷公司有在賺錢。

那我們呢？我們公司有什麼？別間公司有的，我們就沒有！叛逆！（激動）

福利、紅包、績效獎金、員工旅遊，所有你想要的東西，都沒有。

但是，我們有·笑·聲！非常空虛。

/

「好好笑女孩」是一間公司，我真的成立了一間公司：「好女子笑有限公司」。

如果把公司命名叫好好笑有限公司……感覺就是會簽芭樂票的公司。

所以我就把中間的「好」變成「女子」。

好女子笑，跟我的構想，女生幽默，有概念上的一致。

好女子笑，中間那兩個字看起來就是，胖一點的好。

我個人是覺得胖一點的好……

/

開公司的第一年，我逢人就說，我開公司了，找我合作啊！

一年後，面對各種合作案我都回答：「嗯……這件事情我得要回去問問我老闆。」

同時間我還可以是接電話小妹：「老闆開會中哦！我等他會議結束後詢問。」

參與各種創業演講，我最會上台發表，每回都製造超深刻的印象，把演講場合當作脫口秀來玩的結果，就是當別人問我「毛利怎麼算」的時候，我會回人家「毛利是小五郎嗎」？

什麼是真的當一個老闆？學會負債。

負債不丟臉，丟臉的是你養不起公司，還不起錢。

所以我就開始每個月被最低限度給壓得要死，我所謂的最低限度就是付了負債、員工的薪水，其他演員工作人員的薪水、場租、房租、帳單，扣除掉下個月的預備款，然後有剩下多少，就是自己的薪水。然後你就發現，員工賺得比我還多呀！然後她還跟我說，她的基金終於繳完了，現在身上有一筆錢。我好想叫她把公司買下來，我來當員工，等我存夠了我再繼續把公司買回來，換她當員工呀！

這叫做好好笑女孩自體經濟循環。

/

到底，為什麼要成立公司呢？透過這三年的學習，我開始更了解這是為了一種永續性。我覺得我的商品夠好，我希望繼續研發商品，把脫口秀技術化，讓我的商品「女生幽默感」在沒有我的狀況下，繼續服務大眾。

以前我是獨立工作者，我賺的錢要扣除一半，存起來，為的是去學習增進自己的能力，或是為了萬一沒接到工作的預備款，也是等我六十歲之後沒體力勞動的退休金。即便現在是公司也是一樣的，所有的員工包括老闆賺的錢，都要扣除一半甚至更多，就是要以防萬一，為的就是這個產品能永續更久。但對於脫口秀這種個人主義的產品，很難去理解一間公司有多難經營。要不然，我為什麼要花一個小時，講這檔《老闆娘不娘》呢？謝謝大家花錢來參與好女子笑有限公司年度檢討大會。

——以上為脫口秀段子，取材自我的第五檔個人秀《老闆娘不娘》。

你也有外表看不出的叛逆嗎？

「沒什麼事的話，不要開公司。」大概就是這場秀滿滿的潛台詞。如果有心延續某種意義、精神或是商品概念，那麼開公司是一個不錯的人生學習。不代表會成功，但學著犯錯本就是人生。

我從開公司的過程學會的關鍵字是「管理」。然而不管是管人、管錢、管事，都不是我的天賦熱情。只要一想到要管人，就讓我頭皮發麻。或許刻在我心底的既定印象是，管理等於壓迫。

身為一個外表看不出來的叛逆孩子，我有很多叛逆的作為。還記得國三時學校進行學科能力分組教學，被分配到A組的我，因為不滿這種把人類分成考得好跟沒前途的教育方案，主動跟老師爭取：「**我要到B組。**」

當時引起不小的波瀾。爭破頭的A組班，竟然有人主動退出？更別說我的好友都在A組，同儕好友在這種時期等於一切，竟有人願意捨棄好友？

那我去B組爭什麼？爭一口氣，爭一個證明，爭一個對於制度的不服氣！

A組教室，同學密密麻麻地坐到最後一排，幾乎靠近垃圾桶；B組教室後面的空間，空蕩到還可以玩群體跳繩。我是全班最有膽量的人，所以突然變成「共主」，不只擔任班長，還感覺到上課氛圍中，大家即便不聽課都不改對我的擁戴。還記得，課堂中老師突然看著我詢問：「聽懂了嗎？」我才發現其他同學各自看漫畫、睡覺、傳紙條，根本沒有人在聽課——我感受到這堂課已然變成「個人家教班」的衝擊。

從討厭被挑戰、質疑，到領悟「母性管理」

各種叛逆行為代表我有不服制度的本質，這點非常符合脫口秀演員的核心特質——質疑一切。

但是，老闆的工作是建立政策、制定SOP、確保商品品質，以及抓出利潤。我要如何鼓勵做蠢事來增加創意段子，同時準備防呆機制？我要如何讓「產品」（好好笑女孩）感受到一個人站在舞台上，掌握一切，擁有英雄主義以及明星般唯我獨尊的爽度，同時又制定樣板化SOP、提醒產品記得團結，並且分潤於公司團隊？

對單打獨鬥的我來說，太困難了。

當我還是單身女性時，非常習慣於「臣服」與「執行」。我習慣於別人對我下指令，我追求不犯錯就好；我埋怨每個不完美的決策，以此紓解壓力；即便有領導社團的經驗，也不過停留在「做決策」與「承擔後果」的層面，我做的每個決定只是給單一任務，而不是為延續一個有機的生命。

孩子跟公司都是有機的生命體啊！

我在教養小孩的過程中，領悟管理。

為了讓孩子有空間發展創意，我必須對某些行為睜一隻眼、閉一隻眼，同時明確地告知孩子底線。這個從我的身體誕生出來的可愛生命，讓我理解了「母性」包含承擔與建立。

建立規則，是每個管理者必須親自執行的事物。假設是一場遊戲好了，管理者決定一種邏輯，讓別人知道怎麼跟我玩，這個別人可能是下屬、廠商、消費者，也可能是自己的家庭。而規則，就是在被挑戰、質疑、埋怨的狀況下，變得越來越成熟完整，變得更符合創立者的想法。

但大多數女生的性格，卻最討厭被挑戰、質疑與埋怨；寧願不要做那個制定規則的人，是我創業失敗的原因。

從我產道出來的這個生命體，讓我思考「我是怎麼看這個世界的」、「我想要孩子用什麼角度認識這個世界」。教養孩子，因應每個階段制定不同的方針，陪伴她成長與犯錯，依循心中的方向與目標，這跟經營公司、進行各種綿延不斷的策略，是非常相像的感受——當然，最像的點是，基本目標都是「活下去」。

為了不把自己逼瘋而把孩子托育，這跟公司委外工作是一樣的道理。找保母跟找人資主管一樣複雜，每天在時間管理上賽跑，達不到的期待就讓它隨風而去，因為各種預防犯錯而調整獎懲制度。每天都在儲存愛的額度，為的就是要「花」的時候禁得起考驗。

而且有了孩子，就能接受自己的「兇」。

「嚴格」這兩個字，在媽媽的身分上接受度超高。當拒絕成為日常，竟然有一種豁然開朗的感覺！以往對待他人請求時，礙於要溫柔和善的心理負擔，總有各種不好意思與委屈；當媽媽之後，為了管理方便，竟也學會說「不」。

我不敢制定規則讓成人遵循，卻有信心帶著孩子成長、茁壯，這不免讓人莞爾。我從孩子身上學著相信，先來一點媽媽的框架與規矩，然後再用柔軟具有彈性的女性傾聽直覺，是母性管理的解方。

老闆娘不娘，我相信當娘之後的我再當老闆，會有一種全新的面貌。

你媽的秀

徐硯美（事先錄音播放）：各位女士，各位先生，歡迎來到黃小胖的個人脫口秀《你媽的秀》，我是孩子的爸，今天晚上我不會出現，因為這是屬於黃小胖的時間，絕對不是因為我要出國工作。她說這是她的個人秀，我說這是她的單身派對。請不要錄影，但可以拍照，拍得太醜請使用「美圖秀秀」。大家要知道孕婦心情不好，遭殃的是孩子的爸，所以，請笑大聲一點，這樣一來，我們一家就都會很平安。

▲黃小胖穿著白紗進場，現場播放婚禮進行曲。

大家晚安，歡迎來到我的第一場婚禮，我很高興明天還有一場，下週還有一場。這是我的婚紗，師大夜市買的，六百九十元；頭紗是跟別人借的，零元；帶球脫口秀，無價，場租十五萬六千。

懷孕之後，我的祝福語都改變了。別人在廣場跨年大喊「Happy New Year新年快樂！」，我都大喊「要安全性行為哦」！別人發長輩圖，中秋月圓人團圓；我呢？也發長輩圖，中秋忘帶保險套包準你團團又圓圓！沒在管押韻。年節，我也特別準備對聯，上聯「安全性行為」，下聯「月經準時來」，橫批「鬆一口氣」。

我懷孕，很多人不相信，很多人很意外。Fucking Surprise。對！It's a Fucking Surprise。

▲露肚

懷孕有沒有什麼好事會發生？當然有，我的肚子在這三十幾年來第一次這麼緊繃。這是我人生第一次穿中空裝，還這麼自在。

我決定走下來讓你們近距離地觀察。（下台，給觀眾摸肚）這是真的吧！摸一粒送兩粒哦！送兩粒暖暖包，手很冰捏！

有摸到胎動嗎？沒有？（驚訝）孩子，醒一醒！媽媽不是有教你要上班！

我們在找乾爹，你要來點動感，讓他感動！

／

懷孕的過程中，我從急速地變胖，到穩定地變胖。

別人是四肢纖瘦、胖肚子，所以朋友們都會發現，哦～有小孩咧！

我呢？四肢粗壯，最瘦的地方是軀幹。懷孕了才發現，沒有人會讓座。

懷孕後期，我在自己家，會撞到自己家的家具。

抓不準我的肚子跟家具的距離，也抓不準我的屁股跟家具間的距離。

／

剛剛前台人員跟我說，我的觀眾都很貼心，知道當一個脫口秀演員有多不容易，於是買了很多禮物給我，像是尿布。我就問，好貼心哦！有我的SIZE嗎？沒有？那還不夠貼心。我現在就需要了。

現場如果有父母想要教育孩子安全性行為的重要，不要跟她娓娓道來，你直接恐嚇她，給她看我的脫口秀影片。你不用跟她講未來、經濟、責任，你直接讓她知道，不戴套後的三個月，會變胖、尿失禁、長痘痘，還有妊娠紋。

胖太快，肚子跟大腿都會有紋路。我有很努力地在肚子上擦妊娠霜，我可以很驕傲地說我的肚子都沒有紋路。胸部有（眼神死）。

跟孩子說話，要講眼前會發生的、他能想像到的，好比你想要不戴套？想一想變胖，想一想乳頭會變黑色的，想一想黃小胖！

/

我一直在想，屬於我的婚禮會長怎樣？我這麼喜歡黃色，一定會要求所有賓客穿黃色的來。那乾脆發輕便雨衣就好啦！

/

我曾經當過好幾年的新祕、婚禮主持人，我發現我對於「當新娘」沒有幻想，但我對於上台有滿滿的渴望。所以，你們現在參與的就是我「個人」的喜宴，不是婚禮。很多人聽到這個說法時，覺得很可惜，會說：「這樣就不認識新郎啊！」

事實是這樣的，親友到了會場，從頭到尾聽到新郎、新娘說的話，通常只有謝謝。這樣也不算認識吧！今天的喜宴，你們可以聽我講滿滿六十分鐘我們的愛情故事，多棒啊！完全以我的角度！

在這邊跟大家分享，姐弟戀非常好，我們之間差五歲，因此我跟他在一起之後，視力從0.2變成1.2——隨時戴隱形眼鏡看他有沒有在看妹。

/

我是個工作狂，跟上天許願，如果我要定下來的條件，第一，猛男；第二，腦子好、聰明；第三，喜歡劇場。我一想到要是猛男又喜歡劇場的聰明人，而且還不是GAY，我就覺得我可以衝刺我的事業了。

所以當他出現時，我就知道要撲倒他。

我是把弟達人，很會追男生。但他是獅子座的，所以在誰先追求誰這件事上，一直搞不定官方說法。他一直說，是他先追我的，是他先壁咚我的。開玩笑，如果我沒有讓他覺得是他先壁咚我的他要怎麼壁咚我？當我一直站在無邊的環境，要怎麼壁咚？一定是我先走到牆邊，當他手上來的時候，我問：「你要幹嘛啦？」（害羞）他說：「你說呢？」（霸氣），我才能夾緊他說：「行動吧！老娘的卵子快要老了！」

教大家，一個會吊男生胃口的女生，應該要怎麼做。我必須讓他覺得他是隻獅子，雄壯、威武，然後把自己家布置得很適合被追捕。啊！這邊也逃不掉，那邊也躲不了！事實上就是，家裡很亂的意思。

/

在這邊想請問一下，有沒有人想當我老公？我們還沒有登記，還來得及改。請工作人員搬上來婚紗立牌，婚紗照準備好了，我已經把新郎的頭挖開一個洞，你可以把臉放進去。哦對了，現場有很多證人，我也穿好婚紗了。完美。

音樂請下。▲播放婚禮進行曲。下台找老公。

請放心，明天我還可以再找一個老公，下週還有一個不知道狀況的人已經買好票了。

我真的好擔心，生小孩後，沒辦法再這樣玩觀眾了。

/

身為一個脫口秀演員，我能給孩子最好的胎教就是：笑聲、掌聲，以及還沒出生就學會賺錢。

她應該會是全世界最不怕被笑的孩子。去幼兒園回來跟媽媽說：「媽媽，我今天又被同學笑咧！」我會跟她說：「怎麼那麼棒！我今天都還沒有被笑，我好失敗啊～」

什麼～你想當公主？好，媽媽幫你打扮成費歐娜公主！很符合我們的基因！只要畫成綠色就好。

媽媽要告訴你，美貌是一時的，但是能力是一輩子的。我們有能力讓人笑出來，是我們一輩子的福氣哦！

/

在我還沒生小孩之前，不管是三十六歲或是二十歲，我都可以逼別人的小孩叫我姐姐。

我很害怕脫離當一個女孩。什麼是當一個女孩？就是我還有海量的時間，我可以去規畫我的夢想，我可以完成想做的事。

接下來，我就不能是女孩了。我真的很害怕。我知道現場有一些人已經是爸爸媽媽，或是很想要小孩，你們對於我的段子沒什麼共鳴。但這就是身為一個愛工作的女強人，她在面臨一個女孩轉換成媽媽的心態。我覺得這一切都超厭世的，可是在厭世的同時又可以感覺到愛。

為什麼我最終還是願意走入家庭。是因為你們，這八年的脫口秀經驗讓我相信，即便我現在變成媽媽了，你們還是會來看我的秀，不是因為我的美貌。

——以上為脫口秀段子，取材自我的第六檔個人秀《你媽的秀》。

告別身為女孩的自己，有好多恐懼

可不可以用「害怕」的情緒當作素材來搞笑？

我的每一檔個人秀幾乎都有一個核心關鍵字，在我繞來繞去的笑點叢林中，支撐著我的情緒感受。如果《美麗笨女人》是「忌妒」，《老闆娘不娘》是「挫敗」，那這一檔秀就是「害怕」。

我用感受來搞笑，因為我相信感受可以引發共鳴。當感受與情境的交互錯置，會讓我們的人生顯得很荒謬。像是喜歡小孩的人懷不了孕，或是以登上小巨蛋為目標，才喊了兩年心願就因為意外而停歇的女強人，我。

真的好怕。怕失去社交圈，被人脈網絡遺忘；怕養育不了孩子，失去錢花在自己身上的爽快；怕高齡生產，各種檢查與關懷都是壓力。可惡的是，當時怎麼就不怕苦心達到的社經地位，被一時糊塗的射精給弄亂節奏！

對我來說，懷孕的每個階段都在害怕。害怕未來即將要面對的事，也害怕當下處理得不好。當生活都處在害怕的情緒裡，我只能依賴創作。

我還記得這檔秀一共演了三場，現場挑選三個假老公拍婚紗照，現場笑最瘋同時也是最尷尬的那一場是婆婆來看，她笑呵呵與假裝離席都製造全場歡騰。每一場都讓一些女生哭，每一場當我講了那個詞，我就得壓抑自己潰堤的情緒讓表演繼續：

「我捨不得的是『海量』的時間。」

當了媽媽以後，「我」在哪裡？

我知道我擁有愛、母性以及智慧。我已經足夠成熟到知道自己的性格，會怎麼為愛付出與犧牲，也可以挑戰這一切的未知，陪伴生命的成長。

可是，那「我」呢？

現在擁有的一切，都是我好不容易才得來的。才剛剛要享受，就要步入另一個階段了嗎？不甘心又束手無策的感覺交錯地侵襲我。好喜歡可以浪費時間的我，好喜歡耍廢，好喜歡為自己而活的感覺——這些，就是當一個女孩的奢侈吧！

聽過一個說法，當男生對女生說：「放心吧！我會努力讓你在生產後，你的生活不變，你還是你。」會令很多女生或爆哭流淚或感動不已，這點對我來說卻是超級無奈，我知道不可能不變。

生活不能只挑選自己想要的。這些情話只代表浪漫、幻想以及非寫實。

請讓我好好地哭泣，用一場名為喜宴的葬禮，好好哀悼女孩的身分；哭完之後，我會比較甘心地成為老媽子。這就是婚宴為什麼要花這麼多錢，這就是新娘為什麼需要夢想般的婚禮，而這也就是女生自我痊癒的方式。

甘心了，美過了，捲起袖子，我們面對接下來的課題。

事實上，我沒有舉辦真正的喜宴，登記時也就一個吊帶褲加略施薄妝。在我心底，那檔沒有新郎的《你媽的秀》，就是最適合我的閃耀與浪漫。

戀愛太危險

我四十歲了。

幹，你們這個時候應該要接「看不出來耶」！

很奇怪。

三十歲的時候說自己三十歲了，大家都會被制約地說：看不出來耶！

五十歲的時候說自己五十歲了，大家也會被制約地說：看不出來耶！

四十歲咧？大家覺得，你應該成熟到不會自己騙自己了？

承認四十這件事很難！三十五歲之後的生日只想人間蒸發，不要提醒任何人有「時間」的存在——但是，臉書提醒你所有的朋友，你生日。

這檔叫做《戀愛太危險》，我覺得談戀愛會讓一個女生徹底變白痴。我稱之為「戀愛失智症」。沒有男朋友的時候，我們可以獨立自主，工作、賺錢、有理想有抱負；有男朋友的時候：「（撒嬌）你扶我過馬路～東西好重～我拿不了～餵我吃～」——這根本就失智嘛！

我人生中做過最笨的事，就是在談戀愛。

我在網路上放過一張照片，眼神迷濛，煙燻妝，頭髮有點微捲、微濕、亂又很性感，用了兩個小時，然後打一些語意不明的文字像是「颱風夜……」。門鈴響了，我爸送來雞湯，他問我怎麼了？我不想騙他，只好說我發燒（音同發騷）了。

那戀愛失智的解藥是什麼？結婚！感知能力會全部歸位——他打呼聲也太大聲了吧！（摀鼻子）昨天沒洗澡？而且表達能力也會進步，記憶力也很清楚：「你最近網購什麼老實說，我從垃圾桶裡面看到包裝袋了。」

最重要的是，很有執行力，目標導向，動作迅速。婚前做愛，洗澡的時候，滿腦子在想，怎麼樣才可以不要洗掉眉毛；婚後做愛，快！排卵時間到了！或者是，孩子睡著了，快！要洗澡嗎？洗完澡孩子會不會就醒了？怎麼辦怎麼辦？啊！旁邊有寶寶擦大便的濕紙巾，擦一擦就好，有擦就好。希望你們聽得懂諧音哏。

身為一個已婚婦女，我想給大家一個忠告，失智的時候真的很快樂啊！

講到《戀愛太危險》，一定要聊聊劈腿！現場有人「沒有」被劈腿或劈腿過的經驗嗎？請幫我不要舉手。

如果你沒有劈腿別人的經驗，或是被劈腿的經驗，你的愛情很無聊。就連偶像劇都要來個女二或男二來搶戲，才會讓你覺得，噢～這個愛情好浪漫哦～如果從頭到尾只有男主角跟女主角，這是什麼片？愛情動作片？

整個愛情故事都圍繞在沒有男二也沒有女二的狀態，沒有前女友、前男友，沒有分手炮，你的愛情故事就沒有故事了。

高三的時候，我秉持著要有豐富愛情故事的信念，當時我從真的小胖，瘦了十公斤，留長髮，穿著制服，走進全家便利商店。店員在理貨時抬頭看到我，情不自禁跟我說「你很漂亮」——那是我人生第一次被搭訕。我心裡想，你就是男一了。因此，男一的名字是全家。

全家約我去吃飯，全家傳訊息給我，全家跟我舌吻，都很浪漫。

我們當年的浪漫是很數學的。他傳給我3854335，意思是三不五時想想我。我傳給他53770880，我想親親你抱抱你。BBcall年代很美耶～哪像現在的貼圖「愛你哦！」，超沒想像空間。

那時候在K書中心，排隊打電話，聽語音留言。有人拍拍我的肩膀，你知道，高中生最喜歡玩這種遊戲。拍拍左邊肩膀，出現在另一邊要你找他的遊戲。這是我的男二！他從正後方拍拍我，我一回頭，手勢剛好是從下往上撈，就這麼剛好撈到了他的××。

我人生第一次碰到真實的××……然後傳來尖叫聲，不是我尖叫，是他，啊～他跑走了。為什麼我這麼坦蕩？因為我根本不知道那是什麼啊！怎麼會是……蚵仔的觸感？兩顆一起撈到的感覺。好，講蚵仔比較侮辱，那講……生蠔？還溫溫的……溫生蠔？

男二被我一摸，戲份就到這邊結束，對，他「領便當」了。

男三呢？男三很帥，人很瘦，我都叫他男三人瘦（音同南山人壽）。該買早餐買早餐，該約看球就去看球，該陪讀陪讀書。某天，男三打球摔傷腿，我去他家看他。男一傳 BBCALL 給我：「我看到你跟他在一起了，祝你幸福。」

我傻了，怎麼就這樣被發現了？男三問我怎麼了，我只好跟他據實以告。他問我，你要選誰？

選你啊！內心 OS 是：我還有其他選項嗎？後來才知道，男一看錯人了！於是我劈腿的故事就這樣，結束了。你們是不是還在期待溫生蠔？

那被劈腿的故事呢？我發現，戀愛最痛苦的狀況不是被劈腿，而是被劈腿卻很丟臉。

我覺得啦，每個女生都會有一陣子眼睛糊到蛤仔肉（台語），跟一個人交往但事後回想起來會覺得：「我到底怎麼了？」那叫黑歷史，是會讓你不想承認、不想回憶，連名字都不願意說出來的那種……佛地魔！

他，劈我腿的那天，是聖誕夜，我演出完很累回家睡覺，睡前說晚安時打給他，他死不接，接了之後老實跟我說在跟某個女孩吃消夜。那個「我愛你但是我對她也有好感」的女孩。

你們知道嗎？他說我對他來說是女神，我的位置很高，然後他去別的女生吃宵夜？他說是因為我太閃耀。這不是黑歷史什麼是黑歷史？你就已經沒有光了，你是黑的，黑歷史！

當天晚上我哭翻了，你們有沒有那種委屈，就是每個人都說他配不上你，你說不會啦不會啦然後跟他在一起了！就是每個人都說這塊豬油不好吃不要吃，然後你說不會啦不會啦不會多難吃的啦然後咬一口——我是有多餓！

怎麼判斷對方是黑歷史？就是分手了之後，所有人跑來恭喜我。

現場的女生，你們如果被劈腿，對方很帥，很有錢，很壞，你可以很沮喪地說，我被劈腿了，大哭特哭。我想跟你說，我很羨慕你！因為當我說我被他劈腿了的時候，我的朋友都回：「蛤？他『先』哦？！」我心裡就會想，我是有多餓！

大家分手不是都會刪照片嗎？觸景傷情。我是想把整個回憶刪掉！毀掉！很多人都會傳一些話給前男女朋友，有些真的都很感性，聽了會很溫暖很窩心，好比「很抱歉以前傷了你，希望現在彼此都能過得更好」，而他傳訊息過來我都很毛，我最害怕聽到他說「謝謝你愛過我」（已崩潰）。

/

我相信，我女兒青春期時，有一天可能會爆哭衝進房間，甩門。我只能焦急地在門外問：「怎麼啦？跟媽媽說啊！」她會說：「你不懂啦！你不懂愛情！」我可能會跟她說：「來！看我這一檔秀的影片檔，我還有出書！看完之後我們再來討論我懂不懂愛情！」

——以上為脫口秀段子，取材自我的第九檔個人秀《戀愛太危險》。

你曾在戀愛中失去自己嗎？

其實，除去人身安全的危急特殊狀況，我覺得戀愛最危險的就是：失去自己。

女生很喜歡也很懂得享受被愛與被呵護的感覺。那是一種「我被看到了！我被重視了，而且我不會很突兀」的安全感。於是為了這種像是嗎啡一樣的安全感，我們沉浸在戀愛裡無法自拔。

人生就是在修練自己，我認為我是在戀愛的養分中學習怎麼成為自己。這些養分包括曖昧、追求、相處、吵架、復合……等等。

我會為了什麼而吵架？我討厭什麼狀態的自己？我會被什麼人吸引？我可以接受什麼樣的追求者？什麼樣的人在一開始我就會拒絕？如果能先解開「我是一個怎樣的人？」」，那麼「尋找什麼樣的伴侶」也比較有方向。

好比有人說「只要他有錢就好」。後來發現，原來，她需要的是財務上的安全感，她覺得會存活不下去是因為沒有錢，有錢等於有尊嚴。當後來被背叛的時候，心痛的原因除了愛情的失去，還有錢、尊嚴與存在感的損失。

又好比有人說「只要有人愛我就好」，其實這樣的說法，是自己沒有辦法給自己價值感；所以當發現這個事實（不被愛）時，心痛也會加劇。

成長過程中，便利商店、福利社、營養午餐是我果腹的來源，我很羨慕別人有便當吃。所以當小美（我先生）煮飯時，我覺得小時候的自己馬上被撫慰了；我是一個不太會為自己出頭的人，所以當小美總是第一時間為我打抱不平時，我就覺得很安心；我是一個愛思考卻懶得查書的人，所以當小美飽覽群書、有講不完的典故時，我就有創作靈感。

我越知道我自己，反而越能跟人相處。

戀愛遊戲的要訣：不刻意討好，不迷失自我

說實話，誰的戀愛過程沒經歷過傷透了心？但靜下心反思，其實最痛苦的常常是，認識的自己不是想像中的自己。

我以為我是獨立自主的，結果我竟然被甜言蜜語所欺騙；我以為我是觀察入微的，結果我竟然逃避面對某些事實；我以為我很委屈求全，結果我只是想把責任推卸在他人身上……

身為一個「前大齡剩女」，透過創作，我發現當時不選擇穩定關係的主因，或許是太懂自己了，已經無法從戀愛關係中獲得養分——簡單來說，懶得「磨合」。這種跟自己相處很自在的感覺，也是一種戀愛吧！差別只是，在日常生活中不停地跟自己約會，完全無須磨合，少了劈腿的戲碼，多了看戲追劇的動力。

在這些思路邏輯下，我是一個相對主動的女生，男人都是我主動追來的。對於「被追」，我有一種先決條件的「厭惡」！好像自己是被挑的，好像自己是放

在貨架上被秤斤論重的，也因此我總是顯露出「大女人」作派的風格。當一個被冠上強勢、主動、領導等形容詞的女性，也很難讓別人理解，其實溫柔、善解人意與傾聽，才是我戰無不勝、每追必中的關鍵。

其實，如果很了解自己的模樣，緣分還沒來時，耐心等待；緣分來時，就掌握自己的優勢，主動示愛。這一場戀愛遊戲中，必須雙方都不是刻意討好，也沒有迷失自我，才有相處一輩子的可能。

前一陣子身體不適，跟小美散步時不停地哀哀叫，沒有要聊什麼事卻兩三秒發個聲音：「爸爸」、「爸……爸」，很久沒有感受到我撒嬌的小美埋怨地說，你就是這種時刻才會想起我。

其實，我很想念戀愛失智，但成為一個媽媽後，隨時不能懈怠的責任與身分，讓我遺忘了當女孩的傲嬌。這才發現，原來我得到的是「戀愛失志」！

我的奶GG了

在開始我的脫口秀之前，我要先鄭重地謝謝你們來（鞠躬）。

如果你們沒有來，我就沒有理由把孩子丟給我先生照顧（感動），

你們真的很棒～～！

為什麼這一檔叫做《我的奶GG了》？

生產後，我的奶從E變成G（驕傲），

一個G，我有兩個，所以是GG（手比兩個），

都是小寫的g，垂下來的g（哭），我的奶gg了～

跟我的人氣一樣，直線往下墜，

我很努力地想把它撈起來，結果它從後面掉下去了。

我只是去生個孩子，才幾個月的時間，外面的世界完全不一樣！

以前去演講，人們聽到我說「我是脫口秀演員」，會回我：「那要脫衣服嗎？」現在去演講，人們會充滿興奮地說：「我好喜歡博恩哦～」

嘿，我在你眼前！

/

這一檔已經加演了好幾場，睽違了兩年，為什麼還要加演？

因為我的奶還在GG，我還在親餵，我還能有更多GG的故事。

你們能想像餵奶餵到三歲嗎？

一開始，剛出生的她，小手動動動，嘴巴嘟起來，就是想找內內（奶），那真的很可愛！因為她只能躺著。（捧胸）Safe～

當時的她，對世界很有好奇心，有聲音，就會想抬頭看。

於是她就咬著我的奶頭（頭繞圈圈）進行「環遊世界」。

如果我先生在這邊講話，她就（咬著看左邊）；

我婆婆在那邊講話，她就（咬著看右邊）；

所以他們在聊天就是（咬著看左右）。

長大一點，她看廣告，很會模仿。
跟媽媽說，轉一轉（玩奶頭），舔一舔，泡一泡。
是想怎麼泡？
兩歲五個月，很愛講話，學大人說「乾杯」，
還不忘記把兩個內內捧起來對撞一下「乾杯」！
讓我領悟了世上最遙遠的距離是，杯子與杯子之間的距離。

/

跟孩子相處很像初戀，剛開始在談戀愛的時候，隨時想見到對方。
一直抱一直親一直抱一直親，聊天的時候都是在聊一些沒什麼用的話題。
內內抱抱，內內抱抱——這樣內內了一個小時。
然後她玩一玩我的奶，我讓她玩一玩我的奶……
#像極了愛情，初戀那一種。
後來我發現，我錯怪這種感覺了；
我以為她愛的是我，結果她愛的是它（內內）。

我的孩子說「我愛你」，我就說：媽媽也愛你。
然後發現她捧著內內，很深情。
#像極了愛情，就不說是哪任前男友了。

今天早上出門，她還要喝內內，我說不行，她說：「那看一下就好。」
我說「好」，掀開了衣服，她說：「那摸一下就好。」摸著摸著就對準要喝。
#像極了愛情，你爸爸都是這樣哄我的。

昨天洗澡完要睡覺了，到處跑，客廳餐廳跑跑跑……
到底要說什麼才會讓她乖乖到房間呢？
大喊「趕快進來～」沒用；「我要生氣囉～」沒用！
「我脫光囉！」
她光速起跑：「內內內內內～」
衝進來然後發現我穿衣服，皺眉頭：「媽媽NoNo。」
孩子啊～這種用內內控制他人的狀況，媽媽有很多經驗哦！

S'dare
女人，
擁有自由大膽的靈魂！
運動界香奈兒，地表最性感運動品牌
S'dare 勇於冒險並熱愛生活，
展現自我的曲線魅力，同時注重時尚與舒適性，
推出各款最適合亞洲女孩身形的運動服飾與泳裝。
希望每位穿上 S'dare 的女性，都能大膽突破自己、
跳脫自己的框架、
不受旁人侷限，打造屬於自己心中的小宇宙！

小孩也教會我，什麼叫做變態的愛。

我以前不懂，變態為什麼會喜歡聞原味內褲？

直到我有小孩，我會對著她：「你好可愛～你好可愛～你好可愛～」一天就過去了。

我會拿著她的腳丫，打自己的臉，哎呀哎呀哎呀！哦～好臭好臭好臭哦，怎麼這麼可愛？

超變態的啊！

我生小孩的第一年都在痛覺中度過，其中痛最多的，就是內內。

我的人生第一次這麼在意胸部，生產完，我的google搜尋紀錄都是「乳」開頭的。乳暈、乳頭破裂、乳暈顏色變黑、乳酸菌，對！我便祕。

我還記得護士第一次把孩子抱來給我的時候：「來，喝媽媽的奶囉！」

我看著才剛出生的她，心裡想著，我要好好歡迎她來這個世界。帶著一種雀躍又緊張的心，我接過孩子，把奶放在她的嘴巴。我在想我要跟她說的第一句話是「嗨，寶貝」，或是俏皮一點、有幽默感一點：「いらっしゃいませ～」（日文的「歡迎」）？

沒想到我一靠近，她馬上就（動作：麥克風是奶頭，手是孩子嘴巴，大口咬下）

（動作：移動，甩開，上下左右，全身晃動）（孩子的嘴都黏很緊）

那當下我覺得她是血蛭，一種吸血蟲！

她最近進階到，試圖把整個內內吞進口腔裡——她以為她是蛇嗎！

我沒有想到第一次餵奶，第一次親密接觸，孩子會變成血蛭。所以我跟她說的第一句話是「幹～！」我還邊踹那張床：「幹幹幹幹幹幹斯～～～齁～～～幹～～～」

我跟我的孩子說的第一句話是「幹」話。而她爸那時在旁邊說：「這就是

『吃奶的力氣』的由來。你看，孩子吃奶的力氣有多大。」她爸是中文系的，這是她爸在她的面前，跟我講的第一句幹話。

沒多久，一邊的奶頭就裂開，有傷口。我是一個樂觀正向，充滿幽默感、充滿愛的脫口秀演員。我就跟她說，沒關係，我們還有另一邊。第二餐，另一邊就沒了。當下我很希望我是狗狗，整排都是奶頭，可以餵好幾餐。

哦對了，新生兒二、三個小時要吃一次。所以我二、三個小時要選擇要痛哪一邊，左右為難啊！每一次護士笑笑地把孩子推回來我身邊時：「媽媽～寶寶要喝奶奶囉～」（表情驟變）你放過它吧～（環抱胸部）

/

有段時間我與世隔絕，老公出差三個月。所以每天只有我跟小孩相處。她跟我沒什麼話題。每一天聊天的內容就是：內內、NoNo、換布布。偶爾，她把手伸出來，好像想要摸我的臉，然後就（拍我一巴掌）。因為她拿捏不了力道，她只有輕輕打臉跟用力打臉的差別。她彷彿是在說，醒醒吧！（打）你沒有朋友你只有我！（打）你好好照顧我（打）！

其實，那段時間，我有產後憂鬱。我看到路上的車，就會想衝出去看看；我從一個樂觀正向，充滿幽默感充滿愛的脫口秀演員，被自己擊垮。

我覺得我不能適應，從一種什麼事都可以自己掌握，自己可以照顧好自己的狀態，變成以孩子為優先，甚至有可能要犧牲我的事業、我的人生的狀態。我開始有那種念頭：好好笑女孩，我撐不住了，我沒辦法養兩個成長中的「孩子」。當時我老公對我說，不要在低潮的時候做決定。我覺得他說的很對——可是，我最近都沒有高潮啊！

我覺得我很煩，很憂鬱，可是想得到笑點。很痛很痛的時候，還是找得到讓人笑出來的方法，然後才發現，讓別人笑出來，就是我求生的方法。我因為大家笑而感覺我活著，因為這是我唯一的本領。

首演檔的問卷，我有跟大家分享這段我正在經歷產後憂鬱的狀態。有位觀眾的問卷寫下：「脫口秀演員不代表可以口無遮攔，請尊重自己身為媽媽的身分，尊重觀眾，尊重幫助過你的人。諷刺不代表有趣，全場可能只有我是唯一一位覺得不好笑的人，我一點都感覺不到你的正能量，很久沒看過這麼憤怒的劇了。」

他是全場唯一沒笑的人，他的憂鬱症狀比我輕微，他有發現、有認知到現實。我沒有。我還覺得我生完之後還是那個可以去小巨蛋的脫口秀演員。

當時的我一直看不到出口，首演檔演完之後，憑藉著笑聲的能量，我回到生活的正常軌道。想說等到孩子戒奶後，就來做一檔《我的奶ＧＧ了》完結篇，我的奶ＣＣ了。

過了兩年，我還是等不到出口，我只好先做一檔《我的奶ＧＧ了》加演版。我相信我應該再一年就會有完結篇……吧！（後記，出書前才剛戒奶）

我問小兒科醫生黃瑽寧，怎麼樣可以自然離乳？他說：自然，離乳。那時候我就知道，我還有得等了。

最近我放棄教她戒奶，我先教她，不要玩食物（摸奶）。

我很謝謝當時陪我度過那段時間的人，每一個來幫我替手的人。讓我能吃個飯，洗個澡，上廁所，讓我能去演講，讓我能做點事，讓我能創作的人——你們讓我記得那個原本樂觀正向，充滿幽默感、充滿愛的我。

所以我也謝謝今天有聽到這檔秀的你們，請幫我宣傳出去，這檔秀，會讓媽媽有活著的感覺。

——以上為脫口秀段子，取材自我第九檔個人秀《我的奶GG了》。

生產，是把自己打掉重組的歷練

生產完後的每一日都很難熬，那是我第一次感受到這麼有層次的各種痛覺，會陰傷口、乳頭裂開仍持續哺乳、只不過貪睡就脹奶到痛醒、因為擠奶而板機指到無法握筷……

每一場痛覺的喘息時刻，都讓人懷疑人生。

無法自理是另一種心理的痛，我以為長大的過程就是學會照顧自己，不依賴他人；可是從待產的那一刻起，我經歷了各種必須依賴的狀態。

當時，護士小姐拿出便盆給先生說：「因為已經破水了，為了避免感染，不能去上廁所哦！」他跟我同時傻眼，還心存僥倖地想：真的有需要的時候，可以交給護理人員吧？但護理師就離開了。

他假裝堅強地拿著便盆，而我還沒開始高頻率的陣痛，還能笑著指揮他放下那個醒目的便盆，心裡想著：**「老娘跟你拚了也不會讓你看到我如廁！」**

自尊比一切都還重要，是我還在當「女朋友」的心態，而那個便盆重新定義了我們是一個家庭，榮辱與共。所謂的共患難，不是吃不飽當減肥的浪漫電影，當現實的吃喝拉撒睡在眼前必須解決時，愛情變成了驚悚片。

陣痛來臨，我無法明白各項醫療文件以及背後代表的含義，他所簽下的是責任。這才明白身分證上配偶欄的意義，不是甜蜜放閃，還有我把自己交給他的信任。

獨立的生活，是後來成家的養分

順利分娩後，護理人員提醒先生，因為產婦會失禁還有各種傷口的照護問題，建議陪伴進入廁所時，讓我理解人類的脆弱是多麼令人羞愧。

單身、獨立、自主，這三個詞彙的幸福感，從進產房的那刻開始大量流失。然後，用接下來的歲月慢慢填補修復。

我很慶幸，我有過一段完全獨立的生活，那絕對是成家的養分，讓我比較可以沒有遺憾地成為媽媽。如果我剛畢業就成家，生命中脫離不了一個又一個的「家人」陪伴，我會很難單純地服務我自己。有過這種小資與自主的生命經驗後再成家，我就可以體認去另一個階段的深刻意義。

配合新生兒的作息，反覆、枯燥、沉悶卻又異常忙碌。從來沒有過這種與世隔絕、低成就感還看不到盡頭的無力感，產後憂鬱找上了我。

時不時憂鬱的念頭，對積極正向的我來說是很新鮮的體驗。上一秒還在說笑，下一秒就墜至低落沉重、爬不起身的厭世感，即便覺察了身心狀態，也無力改變——直到重回創作的懷抱。

現場觀眾的笑聲是最直接的嗎啡，提醒了我，黃小胖的存在感。

伴隨各種痛覺與憂鬱，一年後，我才開始適應關於乳房的各種疑難雜症。身為「單一牧場小農鮮乳」的我，慢慢學會了享受與孩子之間的親密連結，也讓我懂得用敬拜的態度面對生育。

原來，痛與淚，都是成長的必要感受。

輯三

誰說幽默靠天份？學了就會！

私底下不愛講話的我，到底為什麼有這麼多話可以說？
截至目前為止，舉辦了九檔個人專場，
每檔一個小時的秀，都必須背熟最少一萬個字；
每檔秀的主題，都曾經困擾或折磨過我。
透過這本書，我想忠實地呈現給你笑點背後的故事。
我，是這樣子將這些負面心情，轉化成一個個笑點。
而我相信——這些笑點，必須由我來說，才好笑。

慢慢來比較快！我從表演中懂了「開竅」

我是一個內向者，從演講、脫口秀、Podcast與各種媒體採訪方向中，可以猜到。我相信就算不透過媒體，閱讀這本書的你也可以隱約感受到：「黃小胖不像表面上那樣開朗啊！」

我沒有要隱藏這件事，甚至有時還會刻意張揚。為什麼呢？

跳脫傳統教育思維，找到自己的學習意義

可能是我在內心隱隱想要抵抗「天份」這個說法，從小到大我特別羨慕那些不用唸書就能獲得好成績的人，或者說他們只需要付出一點點的努力，就可以聽

懂無趣的理論。

因此特別討厭有天份卻不努力的人。但成熟一點後才發現，我把天份兩個字看得太重要，也才發現，我不是不想努力，而是不想要「**一直努力卻一直聽不懂理論**」的挫敗感。

傳統教育系統中，所有學習行為好像都是累加的，當你聽得懂第一堂、聽得懂每個步驟，照理來說就會得到最後的學習成果。

可是在我的生命經驗裡，我發現跟「人類」有關的事情，好像累加不是必然，不是一個步驟接一個步驟就能夠學會，很多時候東學一點、西學一點，很奇怪地，就突然懂了某種道理或邏輯。

我稱之為「開竅」。

我想那些我從小羨慕的聰明人，或許就是開竅得早吧！可是，我們的教育沒有告訴我們開竅這件事，我被教導著要不停地努力，只要一步一步就一定能學會。

生命經驗裡，最早對於「學習」有認知的禮物，是來自於國高中一起念書、長大，度過青春期的死黨們。有位經歷建中、台大、政大高學歷畢業的會計師，總是很快就掌握到學習方法的訣竅。他曾看我讀書讀得辛苦，於是提醒我不用背課本，只要一直去寫習題就好。一直寫一直錯，持續寫到能夠猜到出題者要我們寫出什麼答案，就能應試。

當時還是國中生的我，對於他的學習方法非常訝異！我沒有照做，仍然從眾地苦讀課本。後來考上私立大學的我，證明了他是對的。

為什麼我不聽他的話呢？很可能是我覺得「這樣也太取巧了」！當時我認為，知識累積應該是一層疊加一層，用習題來學習這種策略，似乎太目標導向了。

有趣的是，後來我的教學策略，卻以類似的方式進行。我會先訂定一個教學目標，故意不讓學生們猜到我到底要他們學什麼，用各種遊戲環節、身體感知讓他們體驗：原來把自己揭露的感覺是什麼？讓他們適應在舞台上出糗或犯錯，讓他們突破心理的關卡，讓他們跟「緊張」共存——到頭來，就是一種以目標導向的學習方法，目的就是開竅。

大多數人都喜歡靠自己思考，當老師越說要怎麼按照ＳＯＰ，學生就越喜歡跳著看，不想照著老師的順序邏輯來學習。學生想先知道或想像成果，所以很多人會先跳到後面的章節，看看有沒有興趣之後，再決定要不要學習。

所以當你讓他猜不出來每個環節的目標，他反而能投入在這個階段，卻達到了學習的目標。有趣的是，看似凌亂沒有步驟的方法，學到的東西反而在腦中組合成屬於自己的邏輯系統——這就是開竅的美妙。

有時候這樣跳來跳去的教學，會引起同學的不耐，而當他們內心渴望知道步

為求方便管理教學系統，硬要所有人照著學習步驟走，是不是一種高傲呢？保證每個步驟都學得會，執著地盯緊某個細節不放，有助於學習嗎？或許犯錯，學習承受犯錯的壓力，也是學習之道？

驟時，步驟式的教學才有意義。

如何打掉重練，才能自然上台？

有時在想，為求方便管理教學系統，硬要所有人照著學習步驟走，是不是一種高傲呢？保證每個步驟都學得會，執著地盯緊某個細節不放，有助於學習嗎？

或許犯錯，學習承受犯錯的壓力，也是學習之道？

像是學習游泳，老師教我們不停踢水，直到身體反應碰到水，腳就會自動踢起來；老師教我們換氣，教我們手擺動的姿勢……讓我們的身體感知記住這些律動節奏。然後，我們進入水面那一刻，這一切就順理成章地在身體感知發揮出來，是一種學習方法。

換另一種教法，把每個步驟都詳細拆解，按照順序，先漂浮、划水、換氣呼吸、踢水……我總是在記第二件事時在腦中打架。當然，不會有游泳老師這樣教，這是一個愚蠢的比喻。

那麼，同樣運用很多肢體感知能力的「上舞台說話」，該怎麼學？

由於沒有辦法在舞台上記住第一個步驟是走路，第二個步驟是拿麥克風，第三個步驟是深呼吸，第四個步驟是把演講稿從第一個字念到最後一個字；同時，講到哪一個字手要舉起來，並且露出笑容……我們不是機器人，無法輸入指令、完美執行。

所以，打掉重練該怎麼練？

我們得先學會在舞台上的感覺，在被注視的壓力下呈現自我。必須享受揭露自己的內心（哪怕只有一點點的揭露，都令人不安），適應自己的肢體動作、語氣、情緒，甚至從喇叭傳出來的聲音。

看起來這些都不是一個又一個的「步驟」，但它確實可以讓人在舞台上呈現「自然人」。

反覆練習呼吸、觀看、移動，看起來不像訓練表達，但實際就是在奠定上台所需要具備的狀態。當我們站上舞台時，會進入導航模式，我知道我的身體怎麼運作，我知道我的語氣、呼吸、節奏……我跟我自己在一起，反而能流暢表達。

從站著不動開始練習，很細緻地覺察暖身、照鏡子然後走路，這些都是表演課堂的基本功，目標就是還沒上舞台前不要太緊張，讓抵達會場的第一刻不會太難捱。

畢竟，上了舞台，更會放大細微感受；光是舞台本身，就足以摧毀一份準備充分的講演。

上台吧！從勇敢、觀點進階到幽默與開竅

在我的系列課程中，初階班定義為「勇敢」，進階班定義「觀點」，高階班才學「幽默」。總會有同學問，可不可以直接學幽默？

再回到用游泳比喻好了。有一種教學是學游泳招式，而我的教學是教你水性：

喜歡在水裡待著，萬一出事了知道怎麼漂浮自救，可以隨意地擺動身體，保持穩定換氣就能前進——這對我來說就是初階課程，也就是「勇敢」。

勇敢地在舞台上活著，不要在舞台上窒息，就是最重要的基本功。

某些人覺得自己很勇敢，不需要再琢磨，可是他們沒有在水裡自在的感覺，而那種僵硬是會被觀眾閱讀到的，這樣算是「會」游泳嗎？游泳對他們來說很累、很有壓力，每前進一步就比別人出力更多。

那就得回到基礎，待在水裡放鬆。

但也有些人，「天生」就喜歡水。這種天生很可能是前世今生，可能是肢體優異、腮幫子與肺部特別強，或是家裡有游泳池……那他們就不需要再學水性，他們愛水也適合待在水裡，那就讓他們出招吧！

天份？就像是一種前輩被後輩閃耀到的說法。如果聽到前輩這樣稱讚，那代表的是羨慕：「如果當年的我像你這樣……」可是，每個「想當年」到「新一代」，開竅多少真的得看後天造化了。

我想，理解得到這些是因為我有挫敗經驗。當我什麼都照著做卻不好笑，可是總有些人，完全不照教學內容，但他就是很好笑。羨慕別人所擁有的天份，實在折磨我太久。

幽默感是綜合感受，無關乎聲音大小聲、表情浮誇程度，他就只是開竅了。

講起來好像開竅等於天份？不是這個樣子的。我後來才領悟，之所以每個步驟都有做到卻沒有開竅，就是因為我太在意每一個步驟了！在水裡找到一種感覺，就跟幽默感一樣，所以教學重點是「用各種方式找到這種感覺」：見山是山；見山不是山；見山還是山。奇妙的是，要回到上一個「階段」卻也不容易。會游泳還裝不會游，是不是很難？

等待開竅的日子不好過，可是很值得。

耐心很重要，慢慢來，比較快

回到每一個脫口秀演員的說法，苦口婆心地跟你說，上台就對了，上台練！上台錯！然後你就學會在台上謙卑，等你扎實地感受到笑聲是來自於挫敗的學習經驗後，就會得到你的開竅。

或者找一個很會教開竅的老師呢？嘿嘿！

曾經看過一篇文章，在運動資源不齊備的年代裡，選手會「以戰代訓」，不停地出戰，從實戰中獲得養分，這絕對是一個很好的做法。只是，當年沒有運動科學，也沒有前人經驗值累積的成果；而現在，有各種明星、各式舞台，有針對幽默解析的書，也有老師。我相信，遇到一個你真的很想學會的東西，值得你用一種跟它耗的精神與耐力，來等待開竅。

外國的月亮比較「會說話」！脫口秀幫助我勇敢表達

成為脫口秀演員的前兩年，每檔首演後回家，我都哭著大喊：「好難啊！」沮喪、挫折不停地折磨著心高氣傲的我。

但回首這段日子，有三個開竅時期，讓我感恩學習過程。

觀點，就藏在思考裡

培訓時期，透過喜劇教父張碩修的課程，打開我各種對人類的想像。那是一片海，而我是正在游出井底的黃小鴨。

在那個沒有便利資源的時代，網路上影片稀少，大多沒有中文翻譯，於是碩修一句一句解釋，試圖讓我們理解兩句話就能笑出來的關鍵原因。我對於那些文法句型沒有嚮往，畢竟這種文化不對接的狀態實在讓人無法理解笑點，而且解釋後無法產生想像空間，於是只能懵懵懂懂地模仿著照樣造句。

讓我大開眼界的是，每一個人都是那麼深具風格。

在我短淺的生命經驗裡，以為演說內容總必須正向激勵、聰明機智，令人會心一笑，並且擁有令人嚮往的外型，才是國家級的表演者。但影片裡，有個人看起來是個畏縮的書呆子，姿態活像鄉巴佬第一次穿西裝，卻在白宮晚宴上，以一種憨厚老實的形象征服全場[4]；有個人像是一位嚴肅的教授，大談宗教、環保……等相關議題，短短十分鐘影片內含大量艱深的英文詞彙，若不是有稀稀落

4 黃西於二〇一〇年美國白宮記者協會上講脫口秀，獲得現場近二千名觀眾起立鼓掌。

落的笑聲，我真的以為在上英文課——但那人其實是著名的喜劇大師[5]。在碩修的即時口譯中，我感受到被教授罵到心底還會笑出來的滋味，那也是我第一次感受到觀點的存在——原來，「言之有物」就藏在喜劇人物的思想裡。

安靜地聽、勇敢地說，是需要練習的

各種喜劇演員的形象，包含地痞流氓、中年大叔、貴族王子、嬉鬧小丑……族繁不及備載。但在我心靈深處知道：說笑話，並非飾演角色。而我困擾著，當台上的角色就是我本人，要怎麼說？

我從小被教導學習他人的成功策略，尋找SOP、照樣造句跟填空，凡事不會就模仿到會，這下子全失去方向。尤其當時沒有其他女性脫口秀演員的影片讓我模仿，只能靠自己了。

我是誰？黃小胖代表的是什麼形象？我在喜劇人物海的世界，載浮載沉。

慶幸自己是第一個跟上這艘船的女性，雖然無所依從，但總是占著位置，而且在那個每個人都不懂站立喜劇的年代，我們更有機會摸索成長。後來隨著知名度漸長，各處邀請演講也越發頻繁，迎來我第二個開竅時刻。

有一天，我看到一則平凡無奇的教學紀錄影片，教室內每位同學或站或坐，沒有桌子，同學們三三兩兩在黑板前，姿勢都是那麼自在。黑板前的主體是同學，老師坐在最後一排。當老師發問時，所有同學都舉起手，不喧鬧，彷彿舉手走向黑板解題是非常自然的——那些學生才十歲左右。

✦衝擊一：我不曾在教室中這麼自在又專注。

✦衝擊二：我不曾在數學課舉過手，也沒看過同學們這麼有秩序地先後發言。

✦衝擊三：如果每堂課皆如此，日積月累的文化會養出多麼落落大方的孩子？

這則影片讓我如獲至寶，後來到國小演講時我也播放給同學們看，他們簡直

5 喬治·丹尼斯·派屈克·卡林（George Denis Patrick Carlin）曾被列為喜劇中心名單中百大喜劇演員第二名，以其獨有的黑色幽默，以及他在政治，語言、心理學、宗教及諸多禁忌主題觀點而聞名。

目瞪口呆。我問：「你們看到了什麼？」當他們分享著我想讓他們領悟的重點時，也在學習這種表達文化。

大多數人最喜歡在台下鬧哄哄時講話，但當所有人把注意力放你身上的瞬間，就孬了起來：一來不想成為眾矢之的，二來不想擔負講錯答案時失了面子。

面子好重要，為了「有面子」，我們不管在任何時候都在逞能，也在懵懂學習階段被灌輸不能丟臉的思想。幼時，我們服務長輩的面子，在那之後，在乎自己的自尊；等到出社會後被丟到檯面上檢視口語表達、邏輯思辨能力，已經沒有犯錯的空間——這就是東方社會的常軌。

每個孩子都想被關注，但每個學習過程必然有失敗，所以我們或多或少都學會保守、安全地過日子：少說少錯，少錯少丟臉，大概就是我們成長的最高指導原則。人人都不想為自己的話負責，卻又想表現一下，於是最常出現的狀況，就是大家一起說話，又一起閉緊嘴巴；課堂要不就是鬧哄哄，要不就噤若寒蟬。這是孩子們想說話，又不想只有自己一個人被關注，於是表現出「大家一起說才有安全感」的狀態。

我們從小沒有學習到在別人說話時安靜聆聽、當自己說話時落落大方，漸漸地習慣只在鍵盤後大放厥詞，甚至喜歡喧鬧的辯論、酸民般諷刺互嗆，這種影響潛移默化地出現在日常中。

於是教學場合中，我建立一個原則：每個人都要說話，也學著聽。這感覺上是很簡單的原則，卻很難達成，因為安靜聆聽的壓力，逼得每個人都得更專注地「說」。

我從影片裡還學到一個道理，就是**長大後對於話語權太有得失心，反而表達不好**。大人們需要刻意練習、勇敢表達，而孩子們還沒被扼殺勇氣，還享受著被關注的感覺，因此需要在自由的風氣中學會尊重。言論自由不是爭得你死我活，而是聽到不同立場，當每個人都享受話語權，那自然不會在意得失、大驚小怪，這就是東西方表達教育的差別。

近幾年的演講邀約，讓我整理自己所思所想，更從中學到意義，並反饋到脫口秀成為養分。這些更使我理解，開竅是各種機緣與反思，人生的學習路徑其實沒有必然流程。當成長環境沒有空間可以胡亂說、練習說，長大後被推入簡報懸崖，說錯的代價是喪失專業可信度，這真的很荒謬。我們不可能國中內向、高中安靜，大學開始參加社團懵懵懂懂，出社會一被推上台，簡報就很完美。

但我還沒開竅前，真的以為學了單字再去學詞彙、文法、句型，我就會英文了。從沒想過，先求勇敢，再求結構，同時間刺激思想，其實比給你模板正解還來得當頭棒喝，亂說英文也可能學會英文。

後來，我時常觀察西方文化的表達環境，包含結婚時親友致詞、畢業演說、喪禮悼念……等舉凡重要時刻都可以來上一段，以往看影集只覺得那就是外國（西方）人的樣子，現在的我這麼想：說話需要大量練習，練習最好開始於教育。

打開心、甩開包袱，其實你也有幽默感

第三個開竅時刻，是在教學時遇到民間高手。

通常能夠自在說話，適時加入幽默元素的人，其實在工作崗位也表現不俗。我老是好奇為什麼他們在類似的時空背景下，口說能力卻能如此不凡，只需要一些關於表演經驗與自我展現的提點，就如有神助。

後來我才發現，其實聰明幽默的人好多，只要解開面子、形象等包袱，就能打開任督二脈；當悶在心底的聲音說出來，各個都是民間高手。

我們有幽默感，只是沒有開啟釋放自己的路。

每當我看到某個商品代言人就是品牌創辦人時，我都覺得省了好大一筆錢。自己最懂產品，不用額外支付高額費用聘請明星形象代言，也無須透過主持人理解再詮釋，只有產品跟創辦人理念，那種純粹直擊消費者的心，就是我覺得擁有表達能力最美好的時刻。

當月亮是一樣的圓，差別在西方人嚷嚷著他們的月亮比較亮時，你可以選擇被同化，也可以選擇爭取自己家鄉的月亮又圓又亮。但大部分的我們是「在心底」想著「哼！不告訴你我們的月亮有多美」。這樣的表達教育，會影響什麼呢？

擁抱討人厭的標籤

習慣只有一個標準答案時，人生會沒有其他的選項。

我曾在網路看到一個題目：「善允從宜蘭騎自行車到花蓮，花了七小時四十分鐘，在下午五點到達花蓮，善允上午什麼時候從宜蘭出發？」孩子答：「你去問善允。」

這道數學習題，讓大人們笑得很開心。我們喜歡這種天馬行空與無厘頭——只要不是自己的孩子，不用擔心他這種奇思怪想的解讀與耍賴荒謬的態度，會影響大人的教養權威。但其實我們都有童心，會笑出來也是因為有共鳴，你我都曾有看著試卷、產生鬼點子的瞬間，只是它被「成長」壓抑下來。

人生的標準答案，就是成為你自己

成為脫口秀演員後，反思自己的性格，確實很不喜歡填鴨式的教育歷程。是非題讓我感到不耐，老想著難道就沒有其他立場嗎？倫理道德公民課程更讓我想方設法地吐槽師長。

長大後，閱讀邁可．桑德爾（Michael J. Sandel）所寫的《正義：一場思辨之旅》一書，原本以為除去了是非題的世界會更開闊，卻沒想到思辨申論的困難讓我頭皮發麻；為人父母後，混亂的教養現場，讓我又擁抱簡單選擇在管理上的方便。

所以，到底該不該有正確答案？

我會說，人生的標準答案就是，成為自己。

其中的「自己」分成理想中的自己、無人伴隨的自己，還有別人眼中的自己。

理想中的自己，有很多情境，有美好也有自卑。購物時想像自己穿上新衣的美麗模樣、想像自己順利通過考試、被禮遇享受著美好的服務、朋友聚會時不被忽略……我們渴望成為理想中的那個存在。

偏偏，理想中的自己是從各種嚮往所堆積出來的，會想要眾人簇擁、左右逢源，也想一個人享受生活時悠然自得，想要功成名就時又希望挑戰不要帶有太多的折磨……是不是有些荒謬呢？

既然理想中的自己跟小說角色一樣虛幻，那麼，值得參考的自己應該是怎樣的呢？我想，無人伴隨時，沒有多餘的眼光與聲音干擾，那就是很接近自我的時刻。這是可以觀察自己的思維模式以及行為，大幅增加「了解自我」的參考。

好比願不願意慷慨解囊做善事？遇到麻煩會怎麼解決？夜深人靜是空虛寂寞還是如常自在？安排行程會喜歡慢條斯理還是馬不停蹄？若當這一切的問句都不用跟別人比較，也沒有別人給評論，只是自己在心中下個定義，給一個可以申論的答案，就可以更理解、成為自己。

把「自己的解讀權」留給對方，難怪總是被誤會！

這些都是極為重要的思考，但成為脫口秀演員後，我覺得舞台上最重要的觀察，其實是「別人眼中的自己」。

脫口秀演員必須善用標籤，我們的說法是「創造人設」。「人物設定」這個技巧代表的是強化個人形象，為了吸引觀眾幾分鐘的注意力，我們塑造形象不講求影集般的全面，反而像是卡通角色一樣，越刻板越能幫助觀眾「記住」我。只要能有一、二個關鍵標籤，我們就可以傳遞各種想法給對方。

身為表演者最應該要害怕的不是「被標籤」，而是沒有存在感。

但我遇到很多素人學生，在每次自我介紹時，內心都是期待時間趕快過去，「不要記得我」、「我不重要」……等訊息透過表情與各種情緒洩漏出來。心裡想著：「別人會怎麼看我？」導致每個講出關鍵字都倍感壓力。

「標籤」讓人感到窒息，尤其大多數人面對不同情境與對象，會產生各種面向，當有人強加一個枷鎖在你身上：「你就是一個××的人」，會讓人們產生反駁與叛逆的負面情緒。

「我是工程師，但我沒有那麼宅」、「我是處女座，但我不龜毛」……諸如此類的語法充斥在表達中，好像在每一句話都急著解釋這些在腦中累積下來的感受——無法解釋清楚。任何標籤都是困擾，那會增加解釋的麻煩。

不想被誤會，卻也不主動定位自己。

我聽過很多人自我介紹的說法是：「我很慢熟，慢慢地了解我，就知道我是很××的人了。」我認為，那樣的心態是很被動的，代表著我不想主動去定位自己，我把「自己的解讀權」留給對方。

事實上，對方會怎麼解讀，我們並不會去考究，未來若真的聽到對方怎麼說自己，也都是後話了。但這樣的被動，卻導致各種委屈：「我不知道我看起來很××啊！我不知道你們都以為我可以××，但實際上我……」這種誤會，長久以來讓人心累。

若只是心累忙著解釋，其實也增加了存在感。但大部分人對於「別人眼中的自己」是處於被動的心態，「我改變不了他人的想法」、「反正大家都不了解我」。其實，這只是站在比較安全的姿態過活，不率先定位自己，再用一種受傷的姿態表示我是被誤會的，這些委屈彷彿成為自己製造各種脫身的藉口。

善用標籤，率先為自己定位、增加存在感

所以，擁抱標籤吧！率先定位自己，別再強調自己慢熟，畢竟人際之間大部分的相處都是短暫的。若還是很擔心「刻板印象」的你，別忘記還有言語的力量，那就是創造「反差」。

最應該要害怕的不是「被標籤」，而是沒有存在感。標籤可以幫助別人快速地認識你，也幫助他人知道怎麼跟你相處，進而聆聽你要傳遞的內容。

好比我在脫口秀的演出中，會穿合身的衣服，曲線畢露，而且精心打扮。對觀眾熱情打招呼「好久不見～」，然後用我最道地、最台的口氣說：「怎麼那麼久沒來～」我知道我在別人眼中會是一個都會、有氣勢的、蠻漂亮的女性，而我所製造的反差是比較男性化或親切到近乎阿桑的特質時，這樣的反差會讓所有的觀眾產生期待。他們會對我產生好奇，繼而想認識我。

創造驚豔——我知道你以為我是怎樣的人，但我不是這樣。在言談中，自我介紹的內容中，適度地引起好奇，就會讓人們對於自我介紹的內容感興趣。觀眾會被你所呈現的人格特質所吸引。他的腦袋會不由自主地想，你到底是一個怎樣的人，怎麼會跟我想的不一樣？還有什麼有趣的地方？

讓對方感到好奇，就產生了魅力。

如果你覺得自己就是一個很無聊的人，沒什麼好反差的，或許應該試試建立自己的資料庫。你必須從自己的資料庫中找尋最特別之處，那可能不是別人有的，卻專屬於你。好比一個遺傳自父母，膚色黝黑、看起來就是可以玩三鐵的人，在自我介紹中特意講解麻將技巧，會讓人興味盎然；或是一個口音帶點台灣國語的人說喜歡村上春樹，我們就會想聽下去。

重點是你知不知道自己給別人什麼印象，如何翻轉、利用或是加強。

標籤就是識別度，越明顯越好。透過給別人看的外在形象與說話內容，製造反差、驚豔，除了可以幫助別人快速地認識你，也幫助他人知道怎麼跟你相處，進而聆聽你要傳遞的內容。

每一個標籤都是獨立的，而不是相對的。我可以嚴肅又好笑，也可以害羞卻大方，冷靜又悶騷，或者是開朗卻憂鬱……每個人都有很多面向，儲備自己的資料庫可以讓我針對場合與人物關係，表達我自己的特色。

最該記得的是，當我們對一個人最專注聆聽的時刻，就是當對方自我介紹時。我們會放下手邊的事，好好聽別人講自己。請別浪費了這個「被專注對待」的機會，珍惜每個可以好好表達自我的時刻，不只是因為注意力難得，還是因為這可以練習「認識自我」。

害怕「壞標籤」而壓抑個性，卻遺忘自己是什麼樣的人

我在其中也發現有趣的事，像是每個人理解的詞彙意涵不同，介意的標籤也不同。比如說，「嚴肅」並不是個壞標籤，但有些人特別討厭嚴肅，很可能來自他「理想中的自己」，也可能來自環境長久累積的觀念，或是他特別想要抵抗的包袱……導致別人一說這個標籤他就跳腳。

糾結都是自己的，跟表達給別人的訊息沒有關係。

我遇過各式各樣不喜歡某個標籤的人，通常代表他一直在跟「外表的自己」拉鋸。畢竟長久以來外表決定第一印象，影響一個人的行為與表達訊息。好比有女生不想被覺得「兇」。臉長得兇，代表臭臉、不好親近，大多數男生可能不以為意，但對許多女生來說，這可是一種非常負面的標籤。於是她會刻意展現笑容可掬的模樣，甚至壓抑各種憤怒情緒，長久下來漸漸遺忘了自己原本的性格。

理想中的自己、無人伴隨的自己、別人眼中的自己，當三者無法平衡，隨之

而來的就是痛苦，或是占卜。若無法自我對話，喜歡把「研究自己」的任務交給別人，用盡各種方法去判斷「我是誰」，需要透過別人的語言、分析來了解自己，卻無法透過觀察自己的行為來證實自己。

若真有一個屬於人生的標準答案，我想「自己」就是第一道習題。破關了之後就可以迎向思想上的海闊天空。

說話，是最簡單的創作

寫書的過程真的很磨人心性，持續不斷地問自己問題、回憶、整理。若把思緒比喻成發票，那代表面對經年累月的發票，不只要考究有沒有中獎（哪個小故事能引發讀者共鳴？），還得要分門別類地構思組織，那細瑣的程度真是令人崩潰。

寫，就對了！說，就對了！

先生是我文字創作的前輩，我則是小菜鳥，餐桌上兩人並肩一打開電腦，就是配上鍵盤敲打聲的辦公室。偏偏他輸出之快，一天一萬字跟我一週一千字的效能相比，簡直令我五體投地。他寫作帶腦與咖啡就好，我的輔助工具必須有甜品、按摩工具以及瀏覽頁面中的成語辭典。

看我在旁邊搖頭晃腦、做盡逃避之能事時，他會說：「寫，就對了！」對的事必須得持續做才有意義，熬過無數次磨心的創作過程，不管是寫段子或是寫演講逐字稿，或甚至是一篇心情日記抒發，我深知熬過就是再一次靠近自己，這樣美好的收穫令我感恩。

但是社會不太崇尚創作，也搞不懂創作對我們的好處。日日夜夜，方便快速的各種資訊轟炸，讓我們不停地「進口」他人的價值，心中的聲音、情緒卻無法「出口」。能好好地寫一段文字，說一段話，或是畫一幅圖，來一場演奏，都能幫助人類感覺自我、表達情緒——其中，最方便也最常被使用的就是說話。但是，人們不這樣看待說話；事實上，人們不覺得講話是一種創作。

如何才能讓你說的話有力量？

在我提出「說話是一種創作」這個概念時，觀眾的反應常常是「有聽沒有懂」。對他們來說，創作不是一件重要的事，而說話更應該像是呼吸一般自然，不用特別學習。

我在教表達時最核心的概念，就是好好說一段話，直指內心深處，不閃躲任何情緒，沒有偽裝，只有詢問自己到底在想什麼。我相信，這樣表達才有意義。

可是社會普遍對於說話的要求偏向溝通、說服、談判這種有目的性，以及能為自己帶來名望與成就感的成功意義。

如果我們不知道怎麼表達自己的意見，或是不太懂自己是一個怎樣的人，只一味地學溝通，會不會到最後只是想討好他人？我相信說話的目標，不是只有被喜歡、被認同，還有思想的精進、人際的相互了解與同理，與內心深處的對話。

只要稍稍感受到對方在說教、推銷，累積了數次類似的經驗後，大多數人就會防衛與抵抗：假裝有在聽，但實際上在想怎麼逃離現場，這種演技是每個人都具備的社會技巧。所以開始出現超強說服術、強效推銷法、無敵談判力……等更重口味的說話之道。

事實上，具有情感的表達，是最有穿透力的方法，「真誠的說話課」是一堂必修學分。我們表達的目的不在於他人，而在於自我。如果我能被自己感動，能啟蒙自己，那麼這段話說出去就有了力量。

我的教學專長在於挖掘個人魅力、鼓勵觀點、啟發幽默感。其中很重要的關鍵在於「產生自覺」，唯有自覺能帶出真誠。

一個木訥的人用盡心力訴說愛意，是因為他覺察到自己的愛意，也加強、描述

如果我們不知道怎麼表達自己的意見，或是不太懂自己是一個怎樣的人，只一味地學溝通，會不會到最後只是想討好他人？

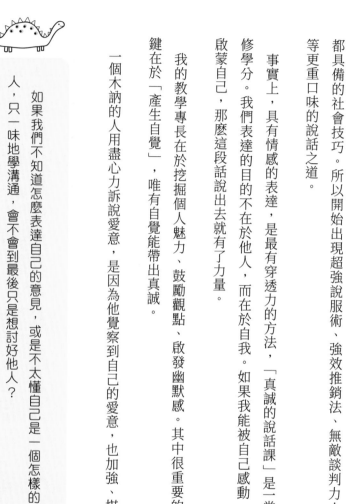

了這份情感，那力道遠比一個到處說愛卻不懂愛的人更重。但是，我們的教育不重視「認識自我」，反而很在意「征服他人」，所以容易教出「調情聖手」這種極具目標導向的演說家，卻沒有鼓舞到一個誠懇、殷切的木頭人。

大多數人沒有創作習慣，也不懂「認識自我」就是「愛自己」的基本觀念，誤會了說話只是個快速且方便的情緒出口。於是沒有意識到時機、空間、狀態與對象合適與否，只是濫用說話，卻沒有思考到說話是一種創作。創作，是需要大量練習且精益求精的過程，所以我們亂說話、造成聽者的壓力，情緒又回彈到自己身上，導致討厭說話、討厭表達自己，變成一種習慣與惡性循環；懶得澄清、嫌說話費力，抱怨情感交流太複雜了，久而久之，「自我」變成一道複雜的習題，更習慣壓抑。

為什麼別人敢說話，而你不敢？

在我觀察，那些敢說話的人，通常有幾個條件：

✦條件一，習慣自己的聲音，習慣自己的樣貌

這些敢說話的人，對於影片中的自己比較沒有不耐煩，也相對能接受不夠完美的一切。

✦條件二，了解他人眼中自己的優點，尤其是缺點

大部分的人（尤其女生），都特別喜歡關注自己的缺點：「我很嚴肅，一定很討人厭」、「我很三八，常常被說愛現」……等。我們總是喜歡把自己的缺點看得太大，看別人時又把對方的優點看得很大，所以容易誤判情勢，出現自卑情緒，還沒來由地膽小怕事。

近十年，我培養非常多女性脫口秀演員，有一個定律：從明顯的缺點開始找亮點。我發現擁抱缺點，能啟發上台的勇氣，而這種聲東擊西的教學法，最能解決心魔。

✦條件三，有幽默感

現在自媒體發達，反而讓人沒限就不敢講話。其實，幽默感需要先打通的是個人觀點，一個持平不冒犯人的言論，無法擁有鮮明印象的幽默，當我們從前述「女生可以達到平衡嗎？」一文得知「笑話就是炸彈」後，敢不敢拿起炸彈？能炸誰？就可以捫心自問。

幽默感是綜合感受，能夠對一件事有感受，並且比喻得令人拍案叫絕，當然要先開發身而為人的各種感官——老話一句，感受自我。

這三個先決條件，是那些願意說話的人的關鍵，他們在說話上奠定了安全感，於是更能增加說服力、談判力、溝通力。而認知到「說話是一種創作」，可以推廣每一個人對於「思考」的精進，也可以幫助個人在表達情緒上更有啟發。

準備一場關於你的演講，讓你愛上自己，也幫別人認識你

我是從參加演說比賽獲得這個領悟的。二〇一三年，我參加中國第一個演說類競賽節目《超級演說家》，原本只是抱著受邀參賽的心態，但晉級到準決賽後，主辦方為求節目的新鮮感，要求我準備一場偏感性內容的演講。

經過二、三回合的會議，編導不停地追問我的人生，包含祖宗八代有無故事、成長背景有無慘案，才在近十個小時拷問下鎖定「夢想」這個關鍵詞。對他們來說，三十三歲未婚叫做「大齡剩女」，還敢從造型師轉換跑道，這真是一個勵志故事的好背景。

於是開始反覆改稿，我曾經半夜兩點交稿，只求耳根清淨、能夠入睡，卻在交稿後幾秒鐘接到即時電話會議直到四點……這真是所謂中國人的「狼性」。他們不停追問我：「為求夢想，有無被侵犯騷擾的事件？」那當下真是欲哭無淚，總不能為了這篇演講特別去挖洞仙人跳吧……

但也因此交出了一場至情至性的演講〈再不行動，就老了〉，獲得好評與瘋傳，甚至為我日後各種講座分享奠定良好的基石。

三分鐘的演講、數十遍的改動、難以計算的會議時間……成就我職涯前十年最核心、最精粹、最應該分享的內容。因為有這樣打磨以及舞台，我才了解，

認真準備一場「關於自己」的演講，無關他人，卻足以影響自己的一生。

後來的我因此訂定志向、鼓勵表達，我相信每一個人靜心寫下五分鐘的演說內容，用這種向內探詢的方式，能持續自我思考，幫助人們不再是聽別人怎麼說，而是問自己要怎麼說。我相信，聽見自己的故事，創作一場感動自己的演說，能幫助人類「進化」。

「**透過說話愛上自己**」，對我來說不是一句文案，而是實際發生在我身上的故事。

幽默感是綜合感受，不是招式拆解

為什麼同樣一個笑話，他講起來好好笑，你講起來卻不好笑？

我們來聊聊，脫口秀演員為何是「演員」。不只是為了冠上一個職業別，我想更多的是我們知道怎麼「詮釋」笑話。那代表的是我們的腦中完全理解這則笑話的邏輯，我們展現出這則笑話應該要有的情緒、肢體動作以及節奏。

想像成臨摹一幅畫，明明我完全照著大師的每個步驟，甚至努力地照著用色比例，卻還是畫不好。有可能是下筆的力道不足，也有可能是畫畫的順序不同，反正各種都差一點，結果就會全盤崩解。

如何培養個人魅力、觀點和幽默感？

在笑話之中，演員的情緒掌握、呼吸、帶領觀眾的意識，就是火候。要說玄一點，也可以說是靈魂。尤其自編自導自演的站立喜劇就像原創畫作，當演員很懂這則笑話的靈魂時，不一定需要照著同樣的語氣節奏（同樣的畫畫順序）進行，但就是可以傳遞笑點。

一般人在重述一則笑話時，不會想到自己的長相、背景、說話語氣、情緒、呼吸、頓點，都會影響笑話的成功度；既然複製貼上的笑果有限，那我們需要了解的是技巧。我認為，站立喜劇演員有三大條件：個人魅力、觀點、幽默感。

在各種關於表達教育的演講教學以及培育脫口秀演員的歷程中，我深深感悟到對台灣人來說，「營造個人魅力」很難，「培養觀點」很辛苦，但「擁有幽默感」卻相對簡單。

怎麼說？看看我們全台灣的小編就知道了！幽默高手藏在民間，只要不讓他們露臉，他們可以藏在插圖與鍵盤後，輕鬆開啟幽默的炸彈開關。

為何會這樣？網路調查，台灣人的先天智商頗高，這絕對有幽默感的優勢。另外，民主自由的風氣也帶給我們較為無拘的態度。但為何我們檯面上的幽默高手不多呢？關鍵就回到「個人魅力」與「個人觀點」。

也就是說，當「個人」被放在公眾注視下，就很難發揮。我們很在意別人的看法、他人的視線壓力，那就像是個緊箍咒，限縮我們原有的魅力與觀點，無法順利表達。

如果，我們已經逐漸成熟到不那麼在乎別人的看法，也已經開始營造「個人魅力」，那要怎麼培養個人觀點呢？

學會主觀思考，才能讓你被看見、被聽見

觀點其實是主觀的心情、態度、立場。想像一下，你是一名聽眾，坐在台下百

般無聊，努力忍住想拿手機的欲望。講者滔滔不絕布達一般的資訊，此時的你是不是會不由自主地放空？但若是講者主觀一點，是不是會讓你更好奇一點？

主觀感受是一種聽覺的箭，不自覺就會射入你的耳朵，不想聽都難。

或許有些人會說，我超討厭主觀的人，我不想成為主觀、不顧他人感受的人。在這邊先不提「主觀是好或壞」的議題，先提**「成為一個講者，必須站在聽眾的立場，觀察自己怎麼樣才會聽得到講者的訊息」**。

很遺憾的是，在社群媒體抓眼球的現代，觀眾喜歡「先」知道一個講者的觀點。他到底站在什麼立場說話？他的態度是什麼？然後被他的情緒所感染，導致不自覺打開耳朵、聽到心中，可能偶有不同的觀點，或甚至聽完覺得不喜歡，但「已經聽到了」。

完全客觀的科學數據，留下的是文字資料，而人類需要的其實是情感訊息。

在台灣，上台說話等於不帶情感，是一種人們根深蒂固對於「專業」的錯誤認知。卻沒發現，各行各業有不同的專業情緒：早餐店阿姨喊「帥哥美女」是他的熱情專業；嘻哈歌手點個頭代表打招呼，是他的態度專業；批發市場的老闆，標準配備是急促與俐落，他們才不打招呼呢！

一般人或許認為自己的舞台沒有那麼多元，最好像主播一樣不顯露情緒，面帶微笑、單純播報內容就好。但主播訓練有素的口條、清晰的聲音品質、背後帶有豐富的影像變化，這些強大的技巧與元素，都在幫助觀眾集中注意力。

可是，我們只是想模仿主播那樣的平板情緒，卻沒有意識到，主播每日處理上百條新聞，每條新聞點都富含不同的情感，因此更需要抽離、客觀，才能有條不紊——而這卻不是每個上台／表達／提案所需要的精神。

尤其極力掩飾緊張時，人們會將精神專注於「鎖定」情緒，於是變得更加木訥——當潛意識告訴自己，這種情況是「專業表現」時，其實你並沒有跟聽者產生連結。

請相信，富有觀點的說話不代表情緒化，卻會讓人類打開聽覺。**觀點是一個**

溝通的起點，不是終點，總要有人先站在某一立場思考，另一方才能協助試想其他層面，溝通才能漸入佳境。

所以，觀點必須先行切入，但可以調整；信念與價值觀，才是觀點說話背後難以改變的東西。但一般人說話，並不會把信念或價值觀掛在嘴邊，說出「做一個善良的人」會令人頭皮發麻，但說出「你這樣××的行為很討厭」卻是我們最常出現的「有觀點的話」。

浮誇的語氣、偏頗的立場，都是方便人們聽到訊息的方法，而且很容易讓人笑出來。「這種人就是××」、「男生就是××」、「女生都很××」，別說這種語法常見在脫口秀演員的語彙中，若你身邊有人也是這樣說話，只要他不是衝著你，通常人們都會被逗樂。

讓情緒替你說更多，產生更大動能

課堂中，我總是花很大的力氣解釋「有觀點才能讓聽眾聽到」，還是無法說服學生學著主觀一點。畢竟，我們的文化一直教導我們主觀以及情緒化的壞處，卻沒教會我們「先主觀但不交惡且聆聽」這種彈性的人際交流。所以我總是退而求其次，讓同學學會「成為一個更能展現情緒的人」。

教學的過程中，同學們會說出「負面情緒」這四個字。好像某些情緒是不被接受認同的，好比悲傷、憤怒、埋怨、忌妒……等，他們無法理解「上台除了展現專業以及愉悅之外，還應該有什麼情緒」？

此時我會用最專業、愉悅的口吻陳述：「海龜需要大家停止使用塑膠製品哦！」讓大家發現，這樣沒有幫助到海龜，也沒有幫助聽眾了解這段話的用意。

聯合國氣候峰會上，來自瑞典的女孩用激進的口氣說：「你們怎麼敢？」（How dare you？）憤恨不平、情緒激昂的演說，讓世界譁然且瘋傳。回想一下，會讓聽眾目不轉睛的演說是滿載焦慮、急促、憤怒跟悲傷情緒的，不管是環保、女權、難民……等議題，都是因為豐沛的情緒而讓聽眾的腦袋開始運作。

若把情緒比喻成燃料，我認為，所謂的負面情緒更能產生動能：生氣時更專注，更有活力；悲傷時更善感細膩，更能同理，也更容易化悲憤為力量。

我是透過觀察自己生氣的源頭，才找到天命的。我特別容易因為「女性、性平」這樣的關鍵字而牽動情緒，而環保、動保、政治……等相關議題，我承認我是「被教育」、「被影響」才會關注。當發掘了自己的憤怒後，找到動力來源，等於找到燃料更持久的供應方式，就能持續為其發聲。

有個特別的點是，好好笑女孩劇團徵選脫口秀演員時，我會觀察對方「愛不愛抱怨」。如果她對很多事都看不順眼，那代表她會有很多素材來源、很多想講的話、很多想改變的事，在我心底，算是一個加分的性格項目。

等等，我必須先平反一下。不是所有在台上的演員都這麼難搞！教學上充滿「包容」的黃小胖，是知道怎麼讓人展現「抱怨天份」運用在舞台上，而不是鼓勵女孩成為一個只抱怨不思幽默的人。

對什麼事都有意見的人，很適合創作，不一定適合一起生活啦！生活上充滿情緒化的表達確實讓人心累，溝通拉扯也充滿煩躁。所以在我看來，倒不如把諸多不滿轉換成創作，當開始欣賞自己的抱怨後，也會淡化親密關係的表達張力。

提醒一下，對世界各種情況覺得很理所當然的人，其實在創作上會很辛苦哦。

表演不是學喜怒哀樂，而是更深層細膩的情緒表達

回到最剛開始提到的，為什麼同樣一個笑話，他講起來好好笑，你講起來卻不好笑？我認為，諧星所傳遞情緒的細膩度，代表了他懂這個笑點的精髓。這不是嘴角上揚幾度、眼球轉向哪裡、語氣停頓幾秒的問題，幽默感需要你對世界的綜合感受。

這也是我認為表演課應該是人生必修課的原因：每一個人都應該理解並且擁抱情緒，認知自己的存在，進行深層的自我對話。

坊間對於表演課的認知是學習喜、怒、哀、樂，對我來說，那是套用在國民教育底下的認知標準，把情緒拆解成四大方向，每一個分成十級分，代表方便打

分數。但學過表演的人就知道，原來光是「喜」的層次就超越百種，沒有好壞標準，只有角色背景，也就是「你是誰？」、「你為什麼而喜？」、「你想將喜傳達給誰？」、「你想怎麼表現喜？」。

演技就是這樣難以言喻。

在學習感受的過程，有時會放大情緒而導致困擾，但接下來更重要的步驟，就是學習轉換思維，把所有不甘心的、不合理的、只有對立面的事物，用「抽離」的心態看待它。

什麼是抽離？想像自己是另一個攝影師看待眼前的事物，有沒有別種角度會令你發笑？或者身處不同的時空、背景、文化，會不會令你覺得這一切很荒謬？若非攸關生死與創傷，是否可以放寬一點點標準？如果不用那麼嚴肅地面對失敗或錯誤，或許就可以種下幽默的種子。

很多諧星都是以面癱聞名，臉上幾乎沒有表情地說出笑點，人稱冷面笑匠。這種諧星並不符合前面所分享的情緒高漲，有時會讓觀眾以為這才是喜劇的精髓。那麼他到底是很抽離還是很情緒化？

根據我的觀察，會想上台，將自己的思想放在檯面上的人，其實都具備勇氣、想改變世界、渴望被聽到的心。而不管他的外包裝偏向抽離或是情緒化，他一定對世界充滿情感，那麼你呢？

搞笑，是接受自我的過程

我完全能理解，看到這裡還是覺得離幽默很遙遠的感覺，就跟我初入行看每本喜劇攻略、幽默拆解的書一樣，也像我看食譜上提到「焦黃色」、「少許」鹽，蔥「適量」時，會產生微微憤怒的感覺——我若是能分辨焦黃色跟黃色的差別，我就不會煮出生的食物了！

在此先說明一下，黃小胖的廚藝可是經過幼兒的「難吃」認證。我女兒曾經假意吃兩口，稱讚好吃之後詢問：「有沒有小黃瓜？」洗乾淨後，她啃食得津津有味，再也不碰那煮過的食物。

廚藝之於我，就是沒有天份、沒有興趣，但很多人會說：「多煮就會了。」

那幽默感呢？多講，你敢不敢？

表演，跟料理一樣有步驟！

關於幽默感的天份，我曾經很羨慕站立幫的Q毛。我準備的逐字稿與他信手拈來隨手寫在發票上的關鍵字相比，真是一場擊敗自尊心的比較。就像讀書讀到半夜，隔天一早聽到同學說沒有準備、考試前十分鐘惡補一下，就考得比你還好那樣讓人氣憤。

但是他真的都沒有準備嗎？還是他準備得太不著痕跡了呢？熟了之後才知道，Q毛是業務，一整天講話的時間絕對比我當時一週還多。他時不時要用幽默感挽救生意，比我兩個半月上台一次挽救表演生命還勤奮。

天份？因為他，我心中開始對這兩個字有了不同的見解。我觀察身邊那些很幽默的人，都是很早就開始「把話說出來」了，而我，則是在站立幫走上紅樓時，才道出長久以來內心的糾結。

所以，把話說出來！幽默不能只存在你腦袋裡，心裡哼一聲不會幫助自己比較幽默，打字敲下「笑點在哪」也只能證實酸民身分。請記得，從心裡到說出口的距離比你想像得還要遠，你必須犯下一堆低級的錯誤、不斷披荊斬棘，才會聽到笑聲。

開始執行幽默／廚藝之路，首先「分辨食材」，理解自己有哪些「標籤」（人設）對他人來說是有趣的、令人驚豔的、很值得說嘴的。接著「管理冰箱」，把所有有趣的故事與想法分層歸納，太冷的就好好放冷凍庫，幻想它跟阿嬤的冷凍庫一樣總有一天會退冰；不要把全部材料都放在即食區，你根本消化不了。

然後「煮」，說出來吧！先煮／說給那些他不會因此不愛你的對象，他頂多就是去吃生的小黃瓜，但會接受那就是你——而且生命會找到出路，他不會餓肚子的。

我知道刀工（修剪段落）很重要，也明白下菜順序很關鍵（笑話結構），更懂火候調味（情緒細節）簡直就是神來一筆，但是，只在心中煮（說笑話）實在太過孤單了——所以，煮吧！

不要設立一個希望所有人都會喜歡的標準

每個人的品味就跟食物喜好一樣複雜，背景、身分、文化都會影響我們對笑點是否共鳴。大廚的精準對照路邊攤的隨興，都有支持愛好。培養幽默感，就是開始享受不同的觀點，享受人生的不完美，這是一個會讓人身心更美好、更放鬆的態度。

某一次受訪時，我這樣比喻著喜劇產業：「我喜歡吃沒有那麼辣的食物，是因

請記得，從心裡到說出口的距離比你想像得還要遠，你必須犯下一堆低級的錯誤、披荊斬棘，才會聽到笑聲。

為我相信味覺的世界很多元。當然，我知道現在的主流是辣，那就讓我在巷子口擺攤也很好，菜單裡還是會有辣的餐點，只是我們會繼續料理食物跟品味的多樣化供給市場，這才是我的初衷。」

——最終都得回到自己是個怎樣的人。

可能我喜歡當農夫吧！研究食材比研究火候還多，每次發掘一個枯萎的靈魂因為站上舞台而發光時，就是我展現料理處方的成果：種出好菜、簡單料理，讓食材展現陽光、空氣、水以及土壤的養分，滿富滋味。

說到食材，在我的小批發市場（劇團）中，有個食材天生帶辣，但是表皮是個小清新。想像一下，你的朋友看起來氣質白淨，時不時私底下講一些小黃瓜夠不夠硬的笑話，一開始你是不是在心中驚呼「她竟然……！」，但後來你也適應了，買小黃瓜時還會想起她，喜歡跟她一起這樣開玩笑，覺得無傷大雅。

但問題是，她敢不敢上台展現這一面？

這個食材種子，在嘗試講脫口秀的期間，不停找尋她適合講的題材，最後在情色哏／葷哏／開車哏（天知道未來還有什麼樣的形容詞），才找到幽默的安全感。

還有個食材很酷，看似冰天雪地，實際上熱情如火，甚至帶點市場阿嬤的韻味，簡直就是用哈根達斯做辦桌菜色炸冰淇淋，搞不清楚好吃是在冰本身，還是那冷熱交雜的滋味。你身邊也會有這樣的朋友，她這輩子都在壓抑情緒，但偶然出現的髒話跟一針見血的言論，還是讓你捧腹大笑；可是她不想上台講笑話，因為這跟她的包裝不符。

這都需要時間與耐心。因為一般女生身處的大環境下，沒有舞台讓你可以開放地展現自己。相較下來，原本就圓圓胖胖的女生反而沒那麼多包袱，因為不被期待要當花瓶，就落得輕鬆自在做自己。結果大家印象中的甘草綠葉，典型都是胖妹。

認識你自己、做你自己，那就是屬於你的幽默之道

事實上，「做自己」就可以找到很具備反差、很搞笑的點，前提是你能不能接受自我。

美國超級千金芭莉絲．希爾頓（Paris Whitney Hilton）以傻白甜的形象聞名，她說過一句話：「我不是傻白甜，我只是擅長扮演傻白甜。」為了闖進演藝圈，她在真人秀裡把人設發揮得淋漓盡致，無數嘲笑與攻擊蜂擁而至，但也持續擴大她的知名度。如果，她不甘於被譏笑「笨與無知」，完美又富有只能讓她的識別度與其他名媛無異，也無法開啟一連串的商業版圖。

連富可敵國的名媛都那麼努力經營「別人眼中的自己」所帶來的「笑果」，我們可以知道的是，「我是誰」不一定要證明給別人看，或者說，「我是誰」不一定要「現在」證明給別人看；觀眾享受娛樂只求一個快速方便，太複雜的標籤無助於表演呈現。

為了搞笑，出賣自己，這樣好像太殘酷了些？

我從脫口秀的養分中學到人生最有趣的事，是看待一件事的角度。如果覺得搞笑是出賣自己的靈魂，那就去賣點別的吧！賣笑與賣身，低賤與高貴，都是選擇，總會有人在高級百貨裡看輕自己，也會有人在批發市場中實踐價值。

對我來說，每一個食材，都有他的意義，都有他的幽默之道。

用我的人生經驗來給予幽默建議的話，我會說，我最後悔的是，沒有趁早認識自己。

我曾認真研究艾米．舒默（Amy Schumer）、黃艾麗（Ali Wong）、惠特妮

培養幽默感，就是開始享受不同的觀點，享受人生的不完美，這是一個會讓人身心更美好、更放鬆的態度。

·卡明（Whitney Cummings）、瓊·瑞佛斯（Joan Rivers）、蒂娜·費（Tina Fey）……試圖在她們身上找到我可以模仿的點。甚至為了各種訪問預備好答案，像是最喜歡艾米·舒默，只因為她跟我同年同月同日生。

我為了要不要吃胖而苦惱，希望可以更快獲得標籤又捨不得失去外型魅力；我問好朋友們，我應該取什麼藝名才好記又好運；熟悉肢體表情的精準控制能力，讓我用死記強背的方式學幽默。

我在心底不停怒吼大喊：「直接告訴我我該怎麼做！我改！」

費盡一切力氣，只因為不想面對自己。

如果可以省下乞求上天眷戀的時間，如果可以減少自怨自艾的力氣，如果可以跟十年前的我說話……我會這麼說：

你很好笑。

幽默很好用，它可以把一盤難以下嚥的思想變得平易近人，而你其實享受、喜歡用思想影響他人——承認吧！你喜歡聽到笑聲。

酸人諷刺沒有那麼可怕，甜美很噁心但你做得到，苦澀滋味竟也是一種笑，辣很吸引人但不是唯一……五味雜陳的人生很荒謬，你的調味遠比你想像得精采，只要開始接受幽默味蕾的直覺。

重點是，上面那一段酸甜苦辣什麼鬼的根本不重要——你．很．好．笑！

輯四

幽默女子力，
找到自我的價值觀

擁有話語權的人，
很容易陷入「教別人容易，反省自己很難」的框架裡。
如果權力很容易讓人腐化，
那麼我能做得最好的事，就是不停地提醒自己初衷，
不管是寫一本書、辦一檔秀，或是一段誠懇至極的話，
都要聆聽來自心底的聲音。

做自己，怎麼獲得好人緣？

幽默與好人緣是兩個綁在一起難分難捨的關鍵字，總是讓人以為幽默的人就可以好人緣，人緣很好的人都幽默……誤會大了！

冷靜想想身邊的朋友，其實不少好笑的人總是口不擇言，相處起來不舒服；很多本質上非常好相處的朋友，卻可能不怎麼幽默。

想一想，這些幽默的朋友，或是那些讓你捧腹的創作者，是不是對事物有著犀利的看法？總是需要被關注？一不小心沒聽懂他們的笑點，還會懷疑是不是自己很笨？當不小心做些蠢事時，也絕對不想被他們抓到，被繪聲繪影、誇大其詞、廣為宣傳……為了博取笑聲，他們有時更會像是吸毒般失心瘋，口無遮攔。

觀眾會想聽一場笑話，但不想一直承受笑話攻擊。畢竟偶爾搔癢很有情趣，次數太多就令人麻痺煩躁。

我相信人類是多元的，也認識為數不少的幽默表演者帶有豐富的同理心，能體貼他人、照顧感受。但，大多數人都需要一點時間累積智慧，遇到夠多傷人、傷己的事，才開始成熟懂事。

所以，如果想要好人緣，又不想老了才懂幽默，怎麼辦？

試著由相對低處丟炸彈

三十五歲以後，我的體會是，分辨「低與高」。

這裡所說的高低是相對的，可以從社會地位、經濟實力、名氣、外型等世俗定義，也可以從大眾眼光、知識涵養、為人品行等較為虛玄的方向著手，只要「相對低處」，就很方便攻擊高位。好比種族笑話的常勝軍：黑人笑白人、醜笑美、胖笑瘦或窮笑富……等等。

相反地，高攻擊低，容易讓人覺得這是一種優越感，被嘲笑的人不舒服，旁人笑出聲前會先站在被同情的那方，自詡道德觀不可助長這樣的聲勢，不好意思笑出聲，於是這一個笑話炸彈就失效，也容易自爆。我曾經在台上暗指自己很醜的笑話失效，因為我相對是漂亮的——等等，感覺上現在寫下這些文字似乎有點優越感……

以「黃小胖」舉例，這個名字飽含我幼時的回憶，我喜歡也接受這個名字，但很多人（尤其是男生），無法開口對一個女生喊出小胖兩個字，有一道枷鎖勒住了他的喉嚨，只能對著我喊「小……老師」。

而我的三歲小孩，餐桌上大喊「小胖來吃飯了」，我樂呵呵走出來親親她。或許某些較有規矩的家長會制止（好比我先生就相對認真地教她：「不可以直接喊媽媽的名字！」）。對我來說，說者無心、聽者無意，就別急著對號入座。未來只要我有把握她會尊重我、愛我，那就只須擔心她對他人的態度也是如此不羈（啊！把這份擔心留給爸爸煩惱好了）。

開放一點瑕疵，讓自己不完美一些

事實上，話說的出口跟說不出口，絕對跟心理狀態有關。更別說幽默是綜合感受，要使用、應用它，就得讓心理的枷鎖少一點，包容多一些。

我最有印象的一場演講，是受邀於一個新創公司演講「幽默救地球」主題，全程只有創辦人談笑風生，二十幾位員工則如坐針氈。最後QA時間時，一位員工鼓起勇氣詢問：「可以用我們老闆舉例，他要怎麼幽默呢？」語畢，哄堂大笑。全場無不以期待看笑話的心情，等待我的解析。

我簡單詢問老闆幾個問題，創業人、富有理想、學歷完美、家庭美滿、老婆還很正。好吧……這幾個關鍵字，都優越到他隨便亂講話都會讓人信以為真，或是讓人自覺失敗。我看著他有點無奈，也懂身為老闆的他實在無奈，他想搞笑都搞不得啊！

當我表達出「被擊敗」的神情時，全場歡聲雷動，空氣中充滿了這樣的訊息：

一個教幽默的講師都辦不到，老闆還叫我們學什麼幽默！

那真是我演講生涯中很值得紀念的一刻，我讓同學們「解氣」了。我永遠不知道這位創業者是怎麼帶領員工，也不會知道員工對於這場演講的真實看法。但幽默可以攻擊也可以防守，如果目的是情緒有所出口，過程或許也只是一場秀，我可以是高高在上的講師，也可以是被老闆搞到挫敗的笑話。

後來的我用「道德瑕疵」來分析，老闆可以就世俗定義完美到無法開玩笑，也可以從為人品行為來攻擊（或自嘲）：「金牛座？愛錢一定要講一下的！」、「完美成功？那可以說愛現、炫耀，讓人覺得很煩很賤！」……

的確很難，但若自己願意開放那一點瑕疵，讓自己不完美一點點，我相信人際相處反而更輕鬆些。當你願意笑一下自己的某個點，他人也會打蛇隨棍上跟著開玩笑，久而久之變成一種標籤或情緒出口，在工作壓力中獲得喘息的空間。就好比「吝嗇小氣」是我們開客家人的玩笑，「講話口音」是我們開原住民的玩笑，

「記仇」是我們開天蠍座的玩笑、獅子座愛面子、老人不會使用3C……有太多標籤都很好用。

問題是旁人並不知道你什麼可以開玩笑，什麼不可以。唯有自己釋放那個訊息，他人才可能放鬆跟你相處。話說，真實行為的小氣跟嘴上說自己小氣是兩件事，嘴上說自己金牛座超愛錢，請大家喝飲料海派一下時還開玩笑說這是從老婆給的零用金省下的，請大家珍惜別浪費，就很讓人會心一笑。

想在嘴上全面獲勝，失去的代價是好人緣。

你的潛意識與選擇，都造就現在的你

其實，很多身邊「好相處」的人不乏很「做自己」的人。因為原則分明，不用費心猜測，也因為他們釋放自己的小奸小惡，更讓人覺得可愛，願意配合他們的眉眉角角。

這個觀察結果，是不是有別於長久以來根深柢固的壓抑文化呢？我們總以為萬事配合、小心翼翼的人比較容易獲得好人緣，可是又羨慕那些活得光彩四射的人。或許是因為相對於「釋放」，「壓抑」更為容易吧！因為面對缺點甚至公諸於世，也是很需要提起勇氣的。躲藏也是一種選擇，那就省下羨慕，擁有好人緣也是很累的。

你之所以成為現在的你，是透過每個細瑣時刻做的選擇。當不想承受外向活潑的缺點，好比社交頻繁、交際花費……等，自然就會趨向內向安靜；當不想承受孤單寂寞的缺點，自然就會練習很多社交作派。

不過，有時你嘴裡說著想要變成那樣的人，可是行為上卻是另外一回事。

有個同學的段子總說自己是母胎單身、想交女友，並且練習路邊搭訕。但課堂結束後我觀察，若有同學主動寒暄，他反而是第一個讓話題句點的人。他意識到自己言詞拙劣，卻沒有意識到在潛意識裡，他其實很「懶得」跟別人多聊幾句，他覺得社交是一件勞心勞力的事，那怎麼可能在自由的戀愛市場交到女友？

哪個女生不是先聊天才能確定有沒有好感、要不要約會？潛意識「懶得社交」變成一種習慣，也讓你不容易改變。

想要幽默又有好人緣，你必須帶有體貼

男生要怎麼耍幽默呢？請正視「在社會上既得利益者是男性」這句話。

當然，光是這句話就會獲得很多男性的憤恨不平，女權自主餐、女生很難搞、女生公主病等關鍵字充斥在訊息中，女性一定會感受到，經過壓迫的女性也一定會開始爭論，這些都沒有幫助幽默感的推行。

我完全認同在某些情境下，男性很辛苦。但是，低跟高是相對的，若是站在相對有優勢的狀況下開玩笑，確實令人不舒服。而要是能找到低點，就能扭轉情勢。

在被男性諧星各種調侃的過程中，我最佩服的是壯壯（陳彥壯），「最溫柔

的下流」是他獨有的風格。喜劇現場，觀眾反應瞬息萬變，外表粗獷的他走下台攻擊女性觀眾時，總是讓我的心懸著，既期待又害怕，可是他又能化險為夷，令人拍案叫絕。到底是什麼樣的魅力呢？

後來的我，就不太受到異性調侃了（請笑出聲，我自己都覺得無可奈何、可憐至極）。再回味那段桃花滿滿的青春歷史，發現壯壯極為擅長在喜劇現場上托高女性，他把自己的猥褻、低級、好色、孬都包裝得恰到好處（請相信，這些形容詞都不是貶意，我用滿滿的佩服與崇拜來褒獎他。除了他，我不會輕易這樣說男生的）。

當一名女性長久以來都糾結於社會框架、美醜，遇到了一名男性用你的美麗來反射自己的小人物時，你會嬌笑還會邊作勢打人：「你很煩捏！你很討厭！白痴耶！齁～」那真的不是一種拒絕，那是一種折服，也是一種很值得懷念的滋味（延續前面很久沒有被調侃的情緒，繼續哭）。

如果你不懂你的開玩笑方式為什麼不會獲得女性的笑聲，請「不要」跟壯壯學。諧星在舞台上所有的表演都經過計算跟包裝，跟凡間的笑話程式完全不同。若你學了壯壯的話術，卻用自視甚高的態度，只會突顯不堪的程度。蹲不下來的姿態，會引發自卑的情緒，無論說者或是聽者，都會對號入座。

一場喜劇秀，演員擁有話語權，可以掌握風向。無論政治正確與否，都是他在掌舵的過程。但在一般社交領域，分辨「低與高」、不要用優越感來說笑，就會是讓人覺得你白目還是幽默的關鍵了。

有人說「自嘲是高級的幽默」，對我來說，舞台上因應個人魅力、觀點、使用笑話技術能對應的招式千百種，沒有什麼是高級與低級，只有喜好選擇與品味。但在社會上，帶點自嘲的幽默，反而是相對容易學會的方式。

體貼是什麼？就是為對方著想，沒有分高低尊卑貴賤的心，事先想好讓對方下台階的態度，擁有體貼的幽默感，會帶給對方暖暖的笑意。如果想要幽默又具有好人緣，請在「做自己」的道路上，盡可能體貼你的聽眾吧！

紅與不紅的糾結

買早餐時店員打招呼：「我有看到你的海報。」戴著口罩沒醒沒準備社交的我：「哦，那是有化妝的我，現在這個是素顏的我。」她笑出聲：「你在做什麼的啊？」想著解釋很難但需要喚醒一下狀態的我：「我是脫口秀演員。」她說：「像是龍龍那種嗎？」知道三秒後就可以結束這個話題的我：「對，她是後浪我是前浪。」早餐店員們笑了，我拿著早餐離去。

你想當脫口秀演員／Youtuber／演員／明星／藝人嗎？這會是你的日常。

關於平常心的課題

「大家好，我是黃小胖，黃色的黃，小時候很胖的小胖。通常我說這句話時，對方都會說『你一點都不胖啊！』，我就是想聽到這句話！（停頓）生產完之後就再也沒聽到這句話了。十年前演講，我說我講脫口秀，對方會問：『那是一種脫衣秀嗎？』現在不一樣了，大家會用興奮地神情看著我說：『我好喜歡博恩哦！』——在我演講時。這時候應該回什麼？『甘我屁事』？太兇了！所以我就會說：『我也好喜歡他哦！』這是跟明星學到的公關技巧。」

上述是一段演講打招呼的開場白，是關於知名度「相對低處」的計較，嘲諷了自己。畢竟是關於名人才在意的虛榮度，無關乎大眾會被冒犯的議題，所以通常能製造友善輕鬆的聆聽氛圍。

座談時，有位同學問：「怎麼面對低潮？」我是這樣回的：「接受這個狀態的自己，因為憂鬱會來，也會走。我從一開始踏入這一行，就沒有輕鬆過，一路坎坷，反而能跟低潮共處；在失落跟得意之間，維持自己的狀態。」

當時同學聽得模模糊糊，我想，那是因為他的日常不像我一樣，總是要面對「知名度與影響力」這個話題。所謂的平常心，對他來說就是「平常」，但對我來說，是課題。

你有勇氣直視自己的黑暗面嗎？

團員訓練時我總被說太過溫柔，應該讓訓練生們感受舞台有多殘酷。面對這樣的說法，我笑而不語，維持我一貫的「溫柔」。事實上，舞台必定殘酷，也無須利用我的殘酷來突顯舞台的可怕。可怕的是，有舞台，卻發現自己上不去，發現自己的脆弱、膽小、恐懼與逃避。我一直在研究舞台的可怕，為什麼不過是加了聚光燈的高一階平面，會讓人這麼心生畏懼？

原來，揭露自己的內心，跟揭露傷口一樣，會令人失去勇氣。

你能揭露自己到什麼程度？你能面對自己到什麼程度？很像在大海中自己行駛一艘船，左右都有鯊魚窺伺，更別提還有無法預測的風浪，每次挺過來都不知道是船體堅硬還是運氣好；而身為船長，有時還得人工造浪一下，才能展示自己的船技。

站立喜劇演員直觀地面對自己的黑暗面，值得我們表達敬意。畢竟，不停地對陌生人揭露自己的思想，是非常沒有安全感的行為；我們可以在所愛的人面前講一些垃圾話，因為我們相信他們之後還是會愛我。可是，陌生人可能因為一句話討厭我，或是我沒說到那一句他想聽到的話，而討厭我。

而在挖鑿自己的過程，也可能走火入魔，畢竟「笑聲」與「知名度」是很甜美的紅利。當你只是「呈現自己」就可以得到紅利，就會讓人想要加強那些最有辛辣滋味的自己，當他人看慣你這一面，你會不會只記得這個狀態的自己？

面對不同的人，我們都有不同的面相，甚至會因為心情好壞而有所不同。可是站立喜劇演員需要人設，需要觀眾最直觀的刻板印象來製造笑點，於是不停加強人物設定——但，在設定前的那個原本的你，需要靠什麼喚醒？

我自己的答案是喜劇教父張碩修，他是我的哭點，只要看到他，我會瞬間回憶起那個還沒上台前的自己。他提供了我安全感，讓我在外張牙舞爪、為非作歹時，都有一個切換自己的空間，知道舞台那一面僅留在台上。所以，在一路顛簸的學習過程後，我帶著好好笑女孩，也想提供這樣的答案：

台上的那些，終究只是在台上。

站立喜劇，就是說話版的創作，不斷練習說話的節奏，掌控情緒、文字，清楚分析邏輯與笑點。而在招式之外，心法就是誠實面對自己。

創作，是一路面對自己的過程。美術、音樂、舞蹈……藝術家用作品來忠實呈現當下的感受，所以最貼近人心的作品就是「誠實」；而因為創作必須精準，所以需要百般練習、琢磨。這種要經歷不斷練習，還要誠實面對的過程，真是超級磨人的痛苦，但藝術家們持續承受著這樣的苦。

記得二〇一六年第一次完成個人秀《告別少女時代》時，碩修抱著我低語（相信當時很多觀眾應該有嚇到，但他是我的脫口秀之父，我們正進行一場心靈的洗滌）。

他跟我說了一些秀後座談會 cue 到他時他會說的話，實際上我完全不敢面對他，那會讓我打回原形，那是一個害羞、愛哭、會發抖的少女黃小胖。他說，他喜歡我不畏懼挑戰，永遠勇敢嘗試新東西。我想，他呼呼了我的少女心，他是最知道我有多麼努力跟害怕的人。段子裡面有關於爸爸的形象，在我腦海裡浮現的畫面，一直是他（搞笑時不管台詞講到爸爸是正面與否，都不好浮現自己的親生爸爸啊）。

你也在鏡子裡看見自己的不安嗎？

表達教學中，我請同學站在鏡子前看著自己，並且告訴我說看到了什麼——只是照鏡子，卻照出自己的各種不安。因為無法平心靜氣看待鏡中的自己，也因為外在壓力下無所適從。

這是我在劇團的表演訓練中發現的，大部分的劇團排練都有大面的鏡子，讓表演者確定自己的肢體展現以及整體畫面。通常我看到的表演者神情都是泰然自若，展現出「這就是我」的態度，即便表演者覺察自己說：「最近好像胖了。」也不帶有否定自我存在的感覺。但是在我所訓練的素人中，照鏡子竟然是大多數人都很難克服的心理關卡。

一般人沒有訓練過自己觀看自己，不知道自己是怎麼動作的、不知道自己的姿態，不知道自己的外型……這些累積下來的不知道，會導致誤判。表演者之所以在上台能夠自在展現，是他們在練習中展開的，他們可以從別人的眼光中如常看待自己。

曾有同學上完鏡子課之後，帶著滿滿收穫跟好友分享，對方說：「我想每週都聽你說上了什麼課！」同學回：「去上課啦！小胖會給你屬於你自己的筆記啊～」結果好友說：「不，我不想面對自己。」就這樣句點了這段談話內容。

承受走紅副作用、接受低潮苦澀，回歸初衷

站在台上，不只要面對自己的不安，知名度與現代的社會更會逼迫你面對各

種自己，並且批判你所有的回應，用危機處理、市場行銷、品牌形象……等各種面向鉅細彌遺地強加檢視。在沾沾自喜於市場影響力更大的同時，身為談資（可供談話的資料）的你，可以接受多少被看見？而且表演者／站立喜劇演員還會被反問：「好笑嗎？」、「幹嘛要講這些？」……你能承受嗎？

把自己定位成內容產物者，咀嚼感受是我的工作。爆紅會有不想要的副作用，不紅也得接受低潮的苦澀；但是人生本就有捨有得，保持平常心，做喜歡的事就值得感恩。

話說回來，早餐店的對話並沒有導致我的低潮，但回復平常心卻是因為店員的反應，她的笑容，讓我時時記得初衷，逗笑他人。

不過有時，當低迷的氣球持續膨脹，刺破它、有一個出口也是好事——啵！你會好多了。

歡迎來看喜劇秀，你也會需要一個出口。啵！

CP值不值

你是不是也曾想過，我們都不喜歡大人，卻又長成大人的樣子？

我曾在國小進行過主題課程，當時主持人引言討論「你的志願是什麼？」、「你的未來想做什麼事？」，小朋友們一副都沒想過的樣子。「那你的爸媽做什麼工作？」同學們有人認真回答，也有人說：「我媽都躺在家睡覺！」引發哄堂大笑。

「接下來歡迎黃小胖老師，老師你的志願是什麼？」

「我想當美女。」

作怪同學在底下喊著「黃大胖」，引發同學訕笑，我說：「嘿！我在這個年紀，比你們班最胖的人還胖。」聽到最胖兩個字，同學們紛紛投射在班級中已發育的女生，她尷尬不已，此時我下去抱著那位女生：「你知道當時的我被同學取的外號是什麼嗎？有母牛、奶媽……」，此時的同學繼續訕笑，笑聲背後的情緒卻越見複雜。

「後來有一位同學，他人很好，幫我取了一個很棒的外號：『小胖』。我就一直用到現在了。」

笑聲此起彼落，有人說：「那些人不是朋友吧？」我說：「你突破盲點了！」本以為這麼難聽的外號可以轉移同學的注意力，但我被同學打斷：「她的更難聽，她叫肥豬！」

全場一片混亂大笑。而我無法停止驚訝，我應該要板起臉孔、嚴肅以對嗎？課程才剛開始，我一點都不想拿出大人的架子來壓制，但我應該要怎麼辦？

「誰取的？你有反抗嗎？」她搖搖頭，完全不明白可以怎麼反抗。

我看著取名的男孩，用跟他一樣的笑鬧方式，在眾人面前對他喊著「瘦皮猴、眼睛小、鼻孔大」……這種以眼還眼的方法其實不好，我不是說我不應該取笑外型，但我應該更有創意一點，實在太可惜了！我當時完全沒有備戰，也一直沒有「報復」的生活習慣，所以只能用這種很表面的方法回嘴，而且，那個笑人的男孩長得挺帥的，我完全能理解女孩的為難。

「我長大後才發現，有被取外號的人，人緣都很好，那是因為大家敢對你開玩笑哦！」

在我的表達系統裡，攻擊一直做得不太好，但防守卻很動人。我深知，只要女孩心裡長出力量，母性所創造的結界可以保護受傷的心靈，包括攻擊方的傷口。

我們都想要自由，卻沒學會尊重

接下來，我聊到志願這個主題很難，但是同學們可以先想想，喜歡做什麼事？從中發現自己可能的發展，畢竟未來會有很多職業是現在的我們（指大人）無法想像的。但找到喜歡做的事非常重要，而那件事也可以是「家」事。

我說：「聽到你們剛剛的回應，我不太開心，因為你們認為出去賺錢才是工作。在我的定義裡面，工作就是幫助別人，幫助社會，在家付出也是工作。衡量經濟與成就的標準，是不是只剩下『錢』？回去請好好感恩待在家為你付出，卻沒有拿勞務報酬單跟你請款的那個人吧！」

課堂中，我播放了一個影片。那是一群更小的小朋友在上數學課。老師問問題，幾乎每個同學都舉手，課堂安靜有秩序，但每一個人都發表了自己的意見。我問孩子們：「你看到了什麼？」

當同學們紛紛發現一些我希望讓他們領悟的重點後，我說：「這就是東、西方表達教育的差別。我們最喜歡在台下鬧哄哄時講話，但當所有人把注意力放你身上時，卻只有一個字可以形容：孬。」

為什麼只敢在台下當酸民？因為覺得跟朋友講話很有安全感，因為覺得這些話沒有被聽到就算了！因為不想為自己的話負責，卻又想表現一下……

於是，我建立了課堂原則。每個人都可以說話，任何時刻，只要舉手，我就願意聽，說的再難聽都不要怕。但是，當別人想說話時，我們必須學會「聽」。

喜歡的事情，請你大聲向宇宙下訂單！

第一堂課結束前，我說，我知道你們喜歡我，因為我很有魅力。現場笑倒一片，我回扣主題：「我已經達到我想當美女的志願了，接下來，我要請你們思考，你喜歡什麼？講志願太複雜，我們先從『喜歡什麼』開始思考。然後判斷未來你可能會偏向什麼選擇。然後，最重要的是，請學會把喜歡的事表達出來。」

我們總是把討厭的事說得很生氣很大聲，可是面對喜歡的人事物卻很小聲，甚至不表態，這樣你的人生怎麼吸引那些你喜歡的人、事、物靠近呢？

哦，對了，請驕傲大聲地說：「我媽是家庭主婦！」因為她一定愛慘了你，才會做這麼看不到成就感的工作啊。

課堂中，我非常鼓勵每個同學講話，甚至不惜以沉默、尷尬的壓力，幫助現場聽眾思考。於是主辦方很辛苦，總是默默給予同學小禮物幫助破冰，卻被我嗆了一句話：「我的孩子才三歲都不喜歡貼紙了。」（還好我有脫口秀演員的包裝：口無遮攔，否則真的很難為主辦方）

不給予獎品，那要怎麼制伏同學？當他們鼓起勇氣說話，就給予熱情的擁抱、擊掌，大聲並且超乎尋常地為他們感到驕傲。「你做得很棒！」，接著舉例觀察到的優點：「你很有勇氣！」、「你讓我驕傲並且感動！」、「謝謝你幫我制止同學講話，你懂尊重！」、「這堂課有你真好。」……這些話語的力量，遠比貼紙動人。

然後，這堂課就在這樣的回饋中，慢慢轉向一種同學很想聽我說，也很渴望獲得勇氣的氛圍，那個原本最作怪的同學，變成要他人別吵鬧的同學。

只要用心交流，過程中一點點的失控不太需要擔心。

從丟臉中，肯定自己正在學習的勇氣

在課堂的最後我問：「你們知道廣場舞嗎？我的小孩會跑到講台上跟著一起跳舞耶！如果你這麼做，你的家人是什麼反應？」他們紛紛回答：「會覺得很丟臉。」、「會把我拉下來。」、「可能在旁邊不想跟我走在一起。」……我說：「我走到她旁邊，跟她一起跳舞。」

大方要怎麼學？先學丟臉。

我們走進高級餐廳從手足無措中學會優雅，我們在游泳池吃水嗆到學會前行……每一個能悠遊自在的舉動背後，都是練習，以及不害怕練習所伴隨的挫敗。所以我們必須學會「適應」挫敗經驗中必然的丟臉。

對孩子來說，她會經歷在他人前跌倒，或在眾人面前翩翩起舞，不管是挫敗或驕傲，都需要陪伴。我不希望她在嘗試錯誤或體驗人生中，感覺到媽媽覺得丟臉而卻步。我就是孩子最重要的支持力量，我不能怕丟臉，我希望她轉頭就發現愛，一直到她擁有充足的勇氣，一直到她說：「媽媽站太近了，遠遠地支持就好。」

我的面子跟她的勇氣相較下來，一點都不重要。

說話需要大量練習，也會經過大量的挫敗，不管是辭不達意或是文法謬誤，我們都需要學會在眾人面前講話。當自己的話語權被滿足了，也會尊重他人的話語權。

後來的我再到同個國小進行主題課程，教室是在活動中心。隨著課程來到最終環節，許多同學已發表過意見，和我一起在台上享受心臟蹦蹦跳、臉熱熱的，滿足又驕傲的感覺，靜靜地感受著自己的存在感。

我說：「你們要喜歡、習慣這種為自己感到驕傲的感覺。力量是自己給出來的，是自己爭取來的。」

我跳下台跟隨課導師、主任、教育部的同仁站在一起，一群孩子被我晾在舞台上，面面相覷。我說：「現在，舞台給你們，我在台下聽你們說！」

第一個大聲說的同學，不是最活潑的同學，也不是那個在師長眼中最可以表現勇氣與主動的同學，而是在一旁安靜內斂的孩子。我完全可以感受到他的不自在、心臟急遽怦跳，但他眼裡閃著光，對著空蕩蕩的禮堂，用嘶吼的方式，把自己的聲音投射到遠方：「我討厭評量，我喜歡寫小說，我喜歡這堂課！」——那種打從心底呼喊出來的聲音，震懾著站在底下的大人們。接下來，一個又一個，喊完的人走到台下，一起等待台上的同學，沒有推擠、沒有互拱，只有渴望被注意到的靈魂。

課堂即將終了，有些同學還站在舞台上沒有跨出第一步，我說：「我們一起來拍照吧！請台上的同學往前，用這個視角看看我們這些大人。要記得去適應這樣的視角看大人，因為，你們是未來的主人翁。你們今天沒有說話，但至少你們（被我騙）上台，已經很棒了！」

你想抵達的未來，不該單單衡量CP值

在我成長的過程，台灣沒有脫口秀這個行業，歷經千辛萬苦的琢磨、適應，才知道我是屬於這個行業的。

這給我一個啟示，就是立定志向那刻，不過憑藉那時的眼界。那立定志向有什麼用呢？人生就此不需要目標了嗎？

不是這樣的。**我們應該時常訂定目標，時常檢視自己，不要害怕修正。**習慣了這樣的思維，在真的需要抉擇時，或是做了選擇卻發現苗頭不對時，都能懂當時自己為什麼下了這樣的判斷。懂了，就知道怎麼前進；不懂，就怨天尤人。

其實，我曾經不喜歡會教課的自己，執著著想要演戲。我想知道怎麼盡快地當上演員，討厭我不起眼的外表，怨恨我不是本科系的學生，怪罪我的家庭。我討厭教學，明明知道教學備課對我來說輕鬆不費力，卻只想要自私地把能量都放在自己身上。

但是，我真的很看不爽現有的教育方式。若想改變，唯有自己進入教育現場。

於是我開班了，我想知道當學生面對辛苦、挫折的學習過程，但能扎實地獲得進步，是否能戰勝ＣＰ值很高的「一視同仁」、「我講你背」這種教育法？

於是我選擇想盡辦法「啟蒙」、「引導」，打通任督二脈，教會「核心價值」以及「思維改變，行為就改變」。並以互動、說話、聆聽為課程形式，不給予標準答案，不給千篇一律的講義。

這種沒有安全感的教學法，真的能存活下去嗎？

在我心底深處，我認為「幾招學會」這件事是不可能的。招式，是把前提假設在每個人都一樣，但事實上沒有誰跟誰是一模一樣的。就像在人生的道路上，需要你發揮幽默感的時候，誰跟你套招？

社會即是江湖，以武功比喻，你習武是為了攻擊？還是為了涵養心性呢？招式就像步驟一、步驟二，最終學會所有的步驟。必須小心的是稍有不慎，便走火入魔——越讓人笑，自己越憂鬱，是很令人不捨的幽默之道。

教內功，老師不太能放空，也不太能省力地開自動導航模式，「因材施教」對教學者來說，是很耗磨能量的。曾經，我害怕失去自己能量，但如今聽到學生們活得更自在滿足快樂後，我反而獲得更多能量。能量在一來一往之間，會像滾雪球一樣越滾越大。而我也更確定自己的未來，不會只是脫口秀演員，也不只是個教育者；我付出熱情、回饋社會，也會繼續做我想做的事。

CP值長久以來固化在人們腦海裡，讓我們事事計較成本效益。可是成長，不應該追求CP值；未來，更不應該單單衡量CP值。

我們總是把討厭的事說得很生氣很大聲，可是面對喜歡的人事物卻很小聲，甚至不表態，這樣你的人生怎麼吸引那些你喜歡的人、事、物靠近呢？

回到每堂課的結尾，那是我從劇場影視前輩、三度獲得金鐘肯定的影后王琄老師所承襲的心法（寫作梳理自己亦是，想當年還在前途迷惘時，她引薦多個教學計畫來鼓舞我），那個結尾就是：

「下課有個儀式請你們配合我，請說，謝謝黃小胖，謝謝同學，謝謝我自己。」

主辦方幫我記錄了同學的課堂影片，我不斷回放，確認那些在台上的同學有沒有大聲說出「謝謝我自己」。記得，喜歡的事要大聲說，只要有說，就來得及喜歡自己哦！

未來，在現在為自己下定義的你手上

你想不想來寫一本書呢？關於自己的書。

也許這問題有點難回答，那麼你有整理過自己的日記嗎？或是你有寫日記嗎？怎麼寫日記呢？生氣時不停縈繞在那個令你生氣的邏輯，寫下那些報復的話，是不是就是你的日記？

不需要別人正面回饋，你也能繼續說

透過表達引導，我詢問學生對於生氣的源頭，找到「是什麼」讓自己這麼生氣？有沒有其他堆積的情緒？有沒有原生家庭所造成的陰影？凡是會讓自己的呼吸停頓、思緒飄移的畫面都不要放過，那才是真實的。當表達出真實的感受，溝通才有連結。

在實體課程中，每一個環節我都會問同學，課程到這裡，你的感覺如何？你從這堂課學到什麼？跟你之前的經驗有什麼對照？把所有的畫面講出來，沒有標準答案，你的答案會是什麼？

我的課堂不鼓勵拍手，學生講完話，現場沒有掌聲，這是極為反常的。

我認為，鼓掌的行為對台灣人來說只是一種「善良」的表現，既然鼓掌不具意義，那就刪了吧！免得有多餘的訊息。

若某位同學獲得熱烈鼓掌，其他同學就會想要講同一個方向，這是人性。A同學說：「老師上得好棒啊！」我大力鼓掌，那B同學也會朝這一個方向。為了聽到掌聲而講一些話，不是我的初衷。怎麼防止落入俗套與避免討好的表達，才是我想教的。

而我相信，若是同學的分享能帶來笑聲、感動、共鳴，都會在講話的當下就有所覺察——讓我們一起回到當下，享受當下。當同學表達完之後，我會請他們說以上或是謝謝，當作句點。習慣自己講完一段話有結尾的儀式，會幫助你完整表達。

課堂上氣氛很安靜，一開始同學很不習慣，但是久而久之，同學會享受這種「單純」梳理自己思路邏輯而講話的感覺。

不打斷，是為了讓你擁有完整表達的空間；不一搭一唱，只是從頭到尾認真聆聽；看似沒有鼓勵，卻是最直接的支持。雖然我在做脫口秀，但我覺得「訪談性節目」，會使得我們習慣聽到別人的正面回應才敢講話。那如果是一場演講呢？會不會在台上尋求支持的眼光才能講下去？會不會養成了習慣，一定要別人點頭你才敢講下去？

獨立思考，完整表達，都需要練習

我認為，我們都應該具備獨立思考、完整表達的素質，而這必須透過不斷且大量的練習。所以，要不要來寫書？寫書最方便的點在於，沒辦法一搭一唱，可以獲得大量自我對話的空間。此刻的我不會被閱讀的你干擾，有一點爽度，要不要來試試？

接下來，換你面對你自己了。學幽默，是為了引人注意，還是為了成為有幽默感的自己？有幽默感，是為了讓別人愛上你，還是，你想愛上自己？

關係的建立，一直都是從好好經營自己開始，感覺到自己的情緒，理好自己的思緒，然後把話說出來，再使用一些幽默感讓關係輕鬆一些；你會發現，日子就這麼過著過著，你們已攜手解決生命中許多大小事了。

不管你有沒有對象，最起碼，你都可以愛上自己。

養成練習定義你自己的習慣

二十八歲轉行之際，有一篇日記縈繞在心中，不過千字的內容，卻深深影響我至今。我很感謝當時的我有過這樣的自我對話。只是沒想到十幾年後，我會用數萬字梳理表演生涯。

當時，我是這樣剖析自己的：

「性格上，我低調、內向、不太社交，樂於從獨處中獲得能量。」嗯……這點不太適合從事表演工作；「具有領導魅力，當我登高一呼時，簇擁的聲音比潑冷水的力量大。」嗯……這點適合從事表演；「外型上，我沒有特別令人印象深刻。」嗯……這點真是一大劣勢；「我具有表演張力跟渲染力。」嗯……這算是優勢……以上對話，像是摘花瓣一樣地辯證表演之於我。有趣的是，這場辯證，卻沒有出現跟愛情相關的日記內容，何謂真愛？答案呼之欲出——表演。

當時的我，無法想像十年後會有 Youtuber 這種行業，更無法理解自己的天份是教學，就像很多人一樣，嚮往著他人的優點，從不看向自己的長處。正所謂在手邊的不珍惜，連自己的天份，我們都不曾學習好好看待。對某部分的我來說，天份跟理想的自己，是一種角力。當兩方都精疲力盡時，有一條路出現了，叫做斜槓——但事實上斜槓只是輸出的方式不同，但輸出的本體都還是自己。

每隔一段時間，就練習定義自己，這種習慣，是為了未來鋪路。

還記得第一檔個人秀後，我寫下這段日記：

「從個人脫口秀想法發起的那一刻，我的心就顫抖著，直到演出後隔天，一如往常地健身運動，一如往常地教學工作，才發現，總算不抖了；然後，我哭了。這才扎實地感覺到我完成了一項艱辛的挑戰，才意識到不是不怕，我怕死了！我只是看到目標在那，只能選擇死盯著目標——游，或者溺死。沒有辦法想著不游，只能想，怎麼游。我選擇相信我的意志力、鋪哏技術、表演經驗、精心設計……等等，才達成我在觀眾眼中的自信模樣。沒有任何一樣細節，是不苦的。謝謝我，讓我苦盡甘來，也謝謝那些冷嘲熱諷的回憶，讓我穩紮穩打，更謝謝始終相信我的朋友。現在的心情是苦樂交雜的，我知道還有很多路要走，一點都不簡單。至少，我交出了我很喜歡的個人秀成績單。而且，還惡狠狠地緊盯著那個目標。」

那一年，我立下前進小巨蛋的目標。面對他人羨慕我目標明確，我常報以苦笑，沒有人能真正擺脫羨慕，也沒有人能真正嚐盡對方的苦。

二〇一五的一場演講中，我訂了這樣的目標：「我是女生，花了這麼久的時間，我才學會『喜歡當個女生』。因此，當我懂表達教育以及幽默感帶給我的禮物後，我想做的第一件事是『用幽默的方式，說出女性的心聲』。我知道，許多女性在列擇偶條件時，幾乎都將幽默感列為優先。如果未來，男性在選擇伴侶的條件上，也會把幽默感列為優先考量，我就達成目標了。」當時自媒體還沒有崛起，我也沒有預料到這個目標已經近在眼前。那麼，是時候來定義接下來的目標了！

把你的願景說出來

四十歲的我，準備個人網站的過程中，誠心地許下了這樣的願景：下一個世代能生活在擁有多元思想、聆聽同理、暢訴價值以及情感教育的環境中。

我希望觸及各行各業、不同階層的人，我相信，各種聲音都值得被聽到，人們只是需要上台的機會，進行有目標有價值感的訓練。所以我開始打造溫暖、友善的舞台，在實體、線上或是各種未來的趨勢平台，希望讓人們勇敢表達，喜歡表達，重視表達教育。

我真心相信，透過落實表達教育，人類會變得更有自我存在感、價值感、滿足感，當向外乞求的力道變少，向內探索的能量就會增強。當人類擁有一個飽滿的心靈，就有餘裕幫助其他人；而每個被聆聽到的聲音，都代表一顆被接住的心，也代表一個被療癒的靈魂。我相信，學會說，學會聽，學會接住自己與他人，會讓世界更好。而幽默，就是那個最美、最絢爛的亮點，它既是表演者的情緒出口，也吸引人們認識他人的思想，還能幫助產生更多元的思考面貌。

別害怕定義自己，定義是靈活的，也會因為世界變化而不斷改變。只要方向明確，中間的漂移也不過是一種校正的過程，再小的目標都讓自己更偉大。

以我來說，二十歲以前的青春歲月，我都在抗議不公，卻也沒為公平留下改變；經過十年糾結，我踏上演員這條路；再經過十年，才敢走上黃小胖個人品牌，不為任何職業別而糾結。四十歲才知道自己，算晚嗎？

年輕到成熟的過程，讓人把所有憤恨不平的能量，都轉化為執行的力量。我可以說得多也做得多，繼續做更多的事、服務更多的人，這就是我定義自己的方式。

所以再經過十年，我會有什麼發展？

我最愛在每次演講時說：「我想要前進小巨蛋！」那不只是一種里程碑，更多的是對自己的期許。因為我知道，像我這樣對知名度擺爛的態度，得要非常好的際遇才能遇到。

我只是想，說到老，做到老。我並不想活著為了退休，我想每天為了想做的事而活著。我相信七老八十、充滿活力地站上舞台演說會極為動人，我願意為了這個目標而健康。到時候，兒孫滿堂或是學生們兒孫滿堂，至少可以租個小巨蛋的觀眾席F區來說嘴吧？對我來說，這是極為浪漫的事。

未來，是在現在為自己下定義的你手上；而我，為自己下好了定義。

謝謝黃小胖，謝謝你，謝謝我自己。

後記

「讓別人因為我的存在而驕傲」是我的哭點。

一直覺得自己不夠好，無法滿足所有人，對貴人們感到愧歉，好像他們幫助了我，我卻始終沒有辦法回報什麼。寫完這本書，也逃避過潤稿，再回頭仔細檢視後，我真的為自己感到驕傲。

曾跟編輯說，我覺得已經寫出所有我想講的話了，不知道後記還有什麼好分享的——直到某一刻驚嚇地發現，忘了感謝所有幫助過我的人。

我想我應該無法在金馬獎頒獎典禮上唱名感謝，而實際上就算我站上金馬舞台，也不能道盡感謝——出書真好，後記讓我增加字數，而且不用語速無敵快地唱名，我愛上寫書了。

謝謝粉絲／觀眾／學生／廠商，不管是你是第一次認識黃小胖，默默支持或是大力支持的你——有你們，才有我。

特別提及彤彤，你是第一個寫卡片讓我有明星感的粉絲；昭谷，我在網路上第一次發起道具支援，豪大雨中你送到的全新玩具，至今仍在我家陪小孩；張幼恬老師一家男女老少，看了近十年我的秀，大小活動與課程都參與，甚至連婚禮都指名要我主持、為我更改檔期，有這一家族的鐵粉，我先訂下小巨蛋的ＶＩＰ包廂給你們。

謝謝台灣現場喜劇教父張碩修，不管提到幾次都不會膩的人，因為沒有他就沒有我。表演者兼製作人很容易迷失，但有碩修在，我可以犯錯、撒嬌，他是我的燈塔、港灣、安全感及精神的依歸。

謝謝站立幫與卡米地喜劇俱樂部的所有喜劇諧星，與你們一同開創現在這個欣欣向榮的產業，我很榮幸。特別感謝一下大師兄壯壯以及歐耶的照顧，以及我一想到就覺得心很暖的存在：Ｑ毛、大可愛、馬克吐司、龍哥、佑子……好啦！大鵰博士可以特別寫一下，那……東區德……也是必然要感謝的啊～

謝謝曾參與好好笑女孩的所有女孩們，從我的十坪空間開始聚會，到有一個自己的場地「月半窩表演空間」可以排練演出；從六個女孩吱吱喳喳，到十幾個女孩一起尾牙；從個體戶，到學習團隊作業以及組織營運。特別感謝初代女孩：涵冷娜、酸酸、洪阿花、玉珊、ㄆㄆ。以及現在還陪著我前行的女孩：神奇員工最資深女孩洪阿花值得再被提及一次，還有康蒂、維拉、班班、沛沛、QQ、阿長、乖乖。關於頭號粉絲康蒂意外成為團員的故事，希望等你個人秀的時候再聽。

謝謝王琄，琄姐在影視與劇場界的地位崇高，卻不忘提攜後輩，關鍵時刻推我走入教育的世界，關心卻灑脫地不叨念，在我心中一直是讓人景仰的存在。最佩服的是她成立協會，活力滿滿致力於推廣青少年戲劇教育，有她在，我真的不好意思不努力。

謝謝我出社會後的第一份工作，偶像劇製作團隊「聲色工場」。它讓我結識了一群好友，在各種狀態轉換時，她們提供最好的支援與依靠：雅敏、素如、嘿嘿、趙咩、飄飄、Nell。其中要特別感謝月半窩的空間設計嘿嘿，她用我的角度思考空間、美學與預算控管，那不是任何一個設計師能取代的信任。還有我的經紀人雅敏，數不清的煩惱與麻煩，她用正能量與爽朗的態度，讓我相信我做得到。

謝謝聲色工場讓我結識了之勤姊、超仁哥、美利姊、建行哥、嘉鴻哥、銘章哥……等一堆數不清的哥與姊，這些閃耀的前輩，始終做著自己喜歡的事，讓我相信，熱情才能解決一大堆細瑣、複雜又困難的疑難雜症。特別感謝劉俊傑導演，讓我理解出社會工作也能獲得友誼，奠定了我日後把工作夥伴當好友一樣的相處之道。

謝謝直覺氏小伍、賀修密、大頭哥、軒宇、慧榆、德揚、娜娜，你們就是我後來把工作夥伴當好友一樣拗的那些人。希望你們工作開心，知道這些拗不是拗，你們只是提早投資我，未來我們一起去玩更大的活動。特別感謝慧榆，沒有你就沒有 Podcast 節目「黃小胖之家常話 Punch」。

謝謝如果兒童劇團與世新話劇社，你們是我接觸劇團的第一步，交雜著青春與現實的複雜感受，你們讓我看到，愛上劇場的人都富含解決問題的能力，同時也相信幻覺與夢想的力量。特別感謝基地系列的老友與前任，每五年一聚做劇場的魔力代表著初衷，也意味著人其實不太會變。

謝謝清大人文社會學系第一、三、四屆找我去做畢業公演的戲劇老師，讓我欣慰也讓我學習，為人師要懂得謙卑。畢竟十年後就是小胖要麻煩在各界成為精英的你們，為我抬轎。特別感謝科宏跟郁芬的貼心，有你們在，讓我相信下一個世代的美好。

謝謝 Abbie 彩妝殿，你們是我從造型能夠雙棲演員工作的最佳基石，跟你們工作的回憶，是我日後嗆其他演員不花心思學化妝的底氣。

謝謝國中好友群，冠頭、淑韻、吳佳瑋，謝謝你們，讓我沒有變成壞小孩，讓我度過艱難的青春歲月，讓我相信友誼是存在的。

謝謝我的公婆，他們是非常願意給予愛的家人。公公擁有獨特且霸氣的關心方式，我很敬佩他所操持的事務，也一直記得被推出產房的第一刻，他對著我吼：「我警告你，坐月子時不能工作！」那是我人生第一次這麼毅然決然地休息。

我的婆婆是一個絕好的潤滑與支援者，只要她在都能讓人好暖心，她來看秀總能貢獻最大的笑聲，她的關懷總讓人覺得沒有負擔。還記得我懷孕時製作了沒有老公在現場的《你媽的秀》，說到我與老公的故事，那一段婆婆在現場，她承擔了絕大部分的笑點，她擁有的幽默感讓我不用壓抑天賦。

謝謝保母們讓我沒有後顧之憂，我的每一位保母都是善良、慈悲、上天派來的好心人，不只照顧孩子還照顧我。特別感謝姨嬤，我像是大小孩一般地依賴您，這份特殊的情誼，我會跟孩子一直想念您。

謝謝聯合互動與星巴克，我的大型製作案是因你們而起，能有這樣整合與跨界的合作是我的榮幸。不管是第一次認識經理、總經理、副總或是各種我無法想像的階層，開各種簡報會議，讓我開了眼界，更產生企圖心。特別感謝轉轉，你讓我愛上星巴克精神，我相信這絕對會影響我的團隊。

謝謝紀州庵文學森林，給我機會在古蹟授課，還有各種跟文學一起的活動，讓我在喧鬧的喜劇氛圍之餘，能沾染些文青風。特別感謝得豪，我們所企畫的環境劇場等各種製作，讓「沉浸式體驗」對我來說有如一塊小蛋糕。

謝謝談話性綜藝節目《媽媽好神》的主持人鍾欣凌、黃瑽寧醫師、媽媽嘉賓們及製作團隊，還有邀約我參加節目的伯樂——素瑩。你們讓我學會看待媽媽的方式不應該單一，除去綜藝節奏的背後，是才華洋溢且活力滿滿的人生故事。

謝謝黃小胖品牌的工作夥伴，我們一起努力，一起衝刺，也將會一起享受善良、溫暖、幽默與表達教育的力量，打造屬於月半式的黃黃風格。特別感謝 Joey 跟

Neo，要不是你們幾年來主動且不間斷的關心，我們才能有這樣的未來展望。

謝謝願意推薦這本書的你，以及跟我一起站在書腰上的推薦人，你們信任我並用你們的名聲來相挺。如果這本書能到讀者眼前，帶給讀者力量，那絕對不是我的光環，是你的這句：「我願意推薦。」

謝謝編輯聖柔，是你展開這段旅程，引我走上作家的路，在我都不相信我可以寫上七萬多字時，你賭了我可以做到。事實證明，很多時候最不相信自己的人是自己。謝謝大好書屋、日月文化，你們挖掘思想的力量化為出版品，是我這個習慣出一張嘴的人最該學習的雋永。接下來，我們一起期待這個賭盤旗開得勝。

不管是提及的人，或沒提到但我們曾真心相處、交流的人，希望你們能為我感到驕傲，更希望你們因為自己所懷的善意、關懷與幫助他人的心，而為自己感到驕傲。

我的爸媽從來沒對我說過「I am proud of you」……因為他們不會說英文。但我希望他們收到一本自己孩子寫的書，上面有著對他們的感謝，會讓他們很驕傲。或許他們未來會到哪都帶著這一本書，逢人就說，作者是我的女兒，而且書裡面有我的名字喔！

我的爸爸：黃平國

我的媽媽：張秀敏

離異的他們被我用這種方式擺在一起，算是一種惡趣味。

我先生，徐硯美。他是刺激我思考的良伴，陪伴我經歷這一切，跟我一樣喜歡我們的生活，努力為彼此而經營的人。我真的好感謝是他，因為他不會因為我的知名度影響力而煩躁，只會因為我不夠有時間陪伴他、傾聽他而哇哇叫，未來還請多多指教。

我的小孩，四歲的她有著高度的好奇心與活動力，最近讓我們煩惱的是吃飯不專心。記得某一天她難得快速地吃完早餐，屁顛屁顛地跑來討拍詢問：「媽媽，你有（為我感到）驕傲嗎？」

孩子，媽媽會一直因為有你而感到驕傲。

不管講給你聽幾次，不管是我的秀，或是我的書。

你，讓我驕傲。

國家圖書館出版品預行編目資料

喜劇媽媽桑幽默表達學：克服心理關卡，不恐懼不糾結，讓內向者誕生勇氣的魅力指南／黃小胖著 . -- 初版 . -- 臺北市 : 日月文化 , 2022.06
280 面 ; 14.7*21 公分 . --（大好時光 ; 57）

ISBN 978-626-7089-91-0（平裝）
1. 幽默 2. 自信 3. 自我實現
185.8　111006034

大好時光 57

喜劇媽媽桑幽默表達學

克服心理關卡，不恐懼不糾結，讓內向者誕生勇氣的魅力指南

作　　者：黃小胖
主　　編：俞聖柔
校　　對：俞聖柔、黃小胖
封面設計：Bianco Tsai
美術設計：LittleWork 編輯設計室

發 行 人：洪祺祥
副總經理：洪偉傑
副總編輯：謝美玲
法律顧問：建大法律事務所
財務顧問：高威會計師事務所
出　　版：日月文化出版股份有限公司
製　　作：大好書屋
地　　址：台北市信義路三段 151 號 8 樓
電　　話：(02)2708-5509　傳　　真：(02)2708-6157
客服信箱：service@heliopolis.com.tw
網　　址：www.heliopolis.com.tw
郵撥帳號：19716071 日月文化出版股份有限公司

總 經 銷：聯合發行股份有限公司
電　　話：(02)2917-8022　傳　　真：(02)2915-7212
印　　刷：軒承彩色印刷製版股份有限公司
初　　版：2022 年 06 月
定　　價：350 元
I S B N：978-626-7089-91-0

感謝您購買《喜劇媽媽桑幽默表達學》。111/06/01 ～ 111/08/31（以郵戳為憑），請以正楷詳細填寫「讀者資料」並寄回本張「讀者回函卡」（影印無效），即可參加抽獎。您將有機會獲得時尚好禮！

讀者資料（請以正楷填寫）

姓名：＿＿＿＿＿＿　生日：＿＿年＿＿月＿＿日　性別：□男　□女

電話：（日）＿＿＿＿＿＿（夜）＿＿＿＿＿＿（手機）＿＿＿＿＿＿

電子信箱：（請務必填寫，以利及時通知訊息）＿＿＿＿＿＿

收件人地址：□□□＿＿＿＿＿＿

您從何處購買此書？＿＿＿＿＿＿縣/市＿＿＿＿＿＿書店

您的職業：□製造　□金融　□軍公教　□服務　□資訊　□傳播　□學生　□自由業　□其他

您從何處得知這本書的消息：□書店　□網路　□報紙　□雜誌　□廣播　□電視　□他人推薦

您通常以何種方式購書？□書店　□網路　□傳真訂購　□郵政劃撥　□其他

您對本書的評價：（1.非常滿意 2.滿意 3.普通 4.不滿意 5.非常不滿意）

書名＿＿＿＿內容＿＿＿＿封面設計＿＿＿＿版面編排＿＿＿＿文/譯筆＿＿＿＿

提供我們的建議？＿＿＿＿＿＿

贈品介紹

得獎名單將於 111/09/10 公布在大好書屋 Facebook
https://www.facebook.com/dahaubooks

贈品將於 111/09/20 前（不含假日）寄出

S'dare

S'dare 桃色焦點果凍包
市價 980 元／個（共 8 個）

注意事項

1. 如因資料填寫不完整及不正確以致無法聯絡者，視同放棄中獎資格，本公司有權另抽出替補名額。
2. 本活動贈品以實物為準，無法由中獎人挑選，亦不得折現或兌換其他獎品。
3. 本活動所有抽獎與兌換獎品，僅郵寄至台、澎、金、馬地區，不處理郵寄獎品至海外之事宜。
4. 對於您所提供予本公司之個人資料，將依個人資料保護法之規定使用、保管，並維護您的隱私權。

日月文化集團
HELIOPOLIS
CULTURE GROUP
客服專線 02-2708-5509
客服傳真 02-2708-6157
客服信箱 service@heliopolis.com.tw

廣告回函
台灣北區郵政管理局登記證
北台字第 000370 號
免貼郵票

日月文化集團 讀者服務部 收

10658 台北市信義路三段151號8樓

對折黏貼後，即可直接郵寄

日月文化網址：**www.heliopolis.com.tw**

最新消息、活動，請參考 FB 粉絲團

大量訂購，另有折扣優惠，請洽客服中心（詳見本頁上方所示連絡方式）。

大好書屋 寶鼎出版 山岳文化

EZ TALK EZ Japan EZ Korea

大好書屋・寶鼎出版・山岳文化・洪圖出版 EZ叢書館 EZKorea EZTALK EZJapan

生命，因閱讀而大好